六甲山

決定版ガイドブック

加藤芳樹 著

山と溪谷社

目次

六甲山全図とエリア概要 ····· 004

六甲山交通図 ····· 006

本書の使い方 ····· 008

六甲山を知る ····· 011

六甲最高峰・有馬・記念碑台周辺 ····· 015

六甲最高峰・有馬・記念碑台周辺マップ① ····· 016

❶ 六甲最高峰 ····· 018

❷ 筆屋道 SUB ····· 022

❸ 炭屋道 SUB ····· 022

❹ 荒地山 ····· 023

❺ 道畦谷北尾根 SUB ····· 027

❻ 東お多福山 ····· 028

❼ 芦屋ロックガーデン ····· 032

❽ 石切道・紅葉谷道 ····· 038

❾ 住吉道 SUB ····· 041

❿ 番匠屋畑尾根 SUB ····· 041

⓫ 七兵衛山・打越山 SUB ····· 042

⓬ 有馬四十八滝 SUB ····· 043

⓭ 白石谷 SUB ····· 044

⓮ 有馬三山 ····· 045

⓯ 船坂谷 SUB ····· 048

⓰ 蛇谷北山 SUB ····· 049

六甲最高峰・有馬・記念碑台周辺マップ② ····· 052

⓱ 鬼ヶ島・逢ヶ山 ····· 054

⓲ アイスロード・シュラインロード ····· 057

⓳ 大池地獄谷 ····· 060

⓴ 石楠花谷 SUB ····· 063

㉑ 地獄谷西尾根 SUB ····· 066

㉒ 六甲アルプス SUB ····· 066

㉓ 古寺山 SUB ····· 067

㉔ 天狗岩南尾根・油コブシ ····· 068

㉕ 長峰山 ····· 071

㉖ 山羊戸渡 SUB ····· 074

㉗ 六甲山上めぐり ····· 075

COLUMN

① 近代アルピニズム発祥の地とRCC ····· 036

② 天下の名湯、有馬温泉 ····· 050

③ 六甲の谷について ····· 064

④ 六甲で見つかった花 ····· 080

⑤ 居留外国人とカタカナ地名 ····· 124

⑥ 六甲山の茶屋 ····· 161

SUB ＝サブコース
⇒本書の使い方（P008〜）参照

東六甲 ····· 081

| 東六甲マップ ····· 082
- ㉘ 蓬莱峡・行者山 ····· 084
- ㉙ ガベノ城・観音山 ····· 088
- ㉚ ごろごろ岳 ····· 091
- ㉛ 樫ヶ峰・社家郷山 ····· 094
- ㉜ 北山公園・甲山 ····· 097

摩耶山周辺 ····· 101

| 摩耶山周辺マップ ····· 102
- ㉝ 摩耶山① 天狗道・上野道 ····· 104
- ㉞ 摩耶山② 青谷道・山寺尾根 ····· 108
- ㉟ 摩耶山③ トエンティクロス・穂高湖 ····· 112
- ㊱ 徳川道 ····· 116
- ㊲ 地蔵谷道 SUB ····· 119
- ㊳ 黒岩尾根 SUB ····· 119
- ㊴ 桜谷道 SUB ····· 120
- ㊵ 旧摩耶道 SUB ····· 121
- ㊶ 行者尾根 SUB ····· 122
- ㊷ 高雄山・ドーントリッジ SUB ····· 123
- ㊸ 炭ヶ谷道・石楠花山・山田道 ····· 126

再度山・菊水山周辺 ····· 129

| 再度山・菊水山周辺マップ ····· 130
- ㊹ 再度山 ····· 132
- ㊺ 錨山・市章山・城山 ····· 136
- ㊻ 菊水山・鍋蓋山・再度山 ····· 140
- ㊼ 仙人谷 SUB ····· 144
- ㊽ 七三峠 SUB ····· 145
- ㊾ 菊水山（鈴蘭台コース） SUB ····· 146
- ㊿ 菊水ルンゼ SUB ····· 147
- 51 イヤガ谷東尾根 ····· 148

高取山・須磨アルプス周辺 ····· 151

| 高取山・須磨アルプス周辺マップ ····· 152
- 52 高取山 ····· 153
- 53 須磨アルプス ····· 156
- 54 高取山（お滝道） SUB ····· 160
- 55 須磨浦道 SUB ····· 160

| 六甲全山縦走路を歩く ····· 162
| 索引 ····· 166

六甲山全図とエリア概要

　六甲山は、須磨から宝塚にかけて直線距離にして約30kmある山塊の総称だ。

　本書では、ごろごろ岳や甲山などがある東六甲エリア、六甲最高峰から有馬温泉にかけてのエリア、レジャー施設が多い記念碑台周辺エリアと摩耶山周辺エリア、再度山から菊水山にかけてのエリア、その西、高取山と須磨アルプスの山塊にかけてのエリアに大別した。章としては、六甲最高峰から有馬温泉、記念碑台周辺エリアをまとめている。

　一方、六甲山地を南北で見た場合、主稜線から南側（大阪湾側）を表六甲、北側（有馬・谷上側）を裏六甲と呼ぶこともある。

六甲山
アクセスマップ

＊六甲ケーブルは、車両リニューアル、ケーブルカー施設の改修工事が2025年1月から2カ年に渡り行なわれる。第一期工事期間、2025年1月6日〜2025年4月12日（予定）、六甲ケーブル下駅〜六甲ケーブル上駅間の六甲ケーブル全線が運休。運休期間中は、バスによる代行輸送が行なわれる。

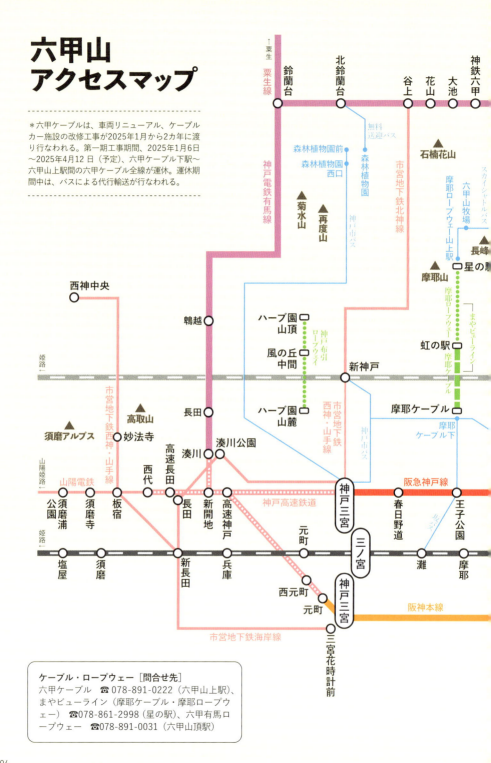

ケーブル・ロープウェー［問合せ先］
六甲ケーブル ☎078-891-0222（六甲山上駅）、
まやビューライン（摩耶ケーブル・摩耶ロープウェー） ☎078-861-2998（星の駅）、六甲有馬ロープウェー ☎078-891-0031（六甲山頂駅）

本書の使い方

本書は六甲山のハイキングコースの中から選んだ55のコースを、5つのエリアごとに紹介しています。

コースガイドの見方

コース番号
1から55のコース番号です。マップにある番号と合致しています。⇒**マップの見方（P010）**へ

コース名・グレード・マップ
コース名とグレード、マップの掲載ページを示しています。グレードは、以下を目安に、総合的に判断し設定しています。

初級＝道標が整備されており、危険箇所はない。歩行時間は3時間未満程度。体力的にも無理のないコース。初心者、ファミリーなどで登ることができる。

中級＝おおむね道標が整備されているが、登山者自身がルート判断すべきところもある。コースによっては岩場、鎖場やハシゴなどもある。歩行時間は3時間〜5時間程度で、相応の体力が必要。登山経験が必要で、初心者にはややハード。

上級＝道標が整備されていないところも多く、場所によっては読図能力が必要。岩場や谷沿いの高巻き道など、危険箇所もある。三点支持などの登山技術を身に付けておく必要がある。

コースの概要
コースの概要がわかる指標を示しています。

歩行時間＝スタートからゴールまで必要な装備一切を携行して歩いた際の歩行時間の目安です。休憩や食事の時間は含まれていません。登山時期や気象条件、歩く人の体力などで変化します。無理のない計画を心がけてください。

累積標高差＝スタートからゴールまでの標高差を合計した数値を上りと下りそれぞれに示しています。アップダウンが多いコースでは数値が高くなります。

距離＝スタートからゴールまでの歩行距離を示しています。

高低図
コースのポイントとなる地名、その区間の歩行時間とアップダウンの目安を示しています。縦軸は標高、横軸は水平距離で、コースにより目盛りを調整しており、実際の傾斜度とは異なります。

サブコース

メインコースから接続できるルートのほか、メインコースに組み込めなかったルートやマイナーなルートを紹介しています。レベルに合わせてメインコースと組み合わせたプランニングもできます。サブコースとして紹介している起点から終点までの歩行時間の目安を示しています。⇒**マップの見方（P010）へ**

SUB COURSE

❷ 筆屋道
中級
MAP▶P016

筆屋道分岐 ▶ 展望台 ▶ 瑞宝寺公園　　歩行時間 30分

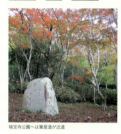
瑞宝寺公園へは筆屋道が近道

魚屋道から瑞宝寺公園へアプローチ

魚屋道を下っていくと、射場山の手前に筆屋道の下り口がある。平成18年「有馬温泉癒しの森」整備の折りに有馬にあった筆屋町に因んで筆屋道と名付けられた。紅葉の名所、瑞宝寺公園へと続き、シーズンに有馬温泉に下るなら、このコースがおすすめしたい。途中には、温泉街を見下ろす展望台や、小ぶりながら見ごたえのある太鼓滝がある。ただし谷道なので、荒れた箇所が多く、水量が多いと徒渉に苦労することもある。

❸ 炭屋道
初級
MAP▶P016

炭屋道入口 ▶ 炭屋道・魚屋道分岐　　歩行時間 10分

紅葉谷と魚屋道をつなぐ

筆屋道と同じく「有馬温泉癒しの森」整備時に整備された。周辺は炭焼き窯が多かったといい、今も登山道脇に炭焼き窯跡が残っている。登り10分、下り5分の短い道だが、紅葉谷道と魚屋道をつなぎ、例えば、紅葉谷道を下り瑞宝寺公園に行きたい時は、筆屋道と併せて利用すれば近道だ。2010年代にロープウェー有馬温泉駅と炭屋道入口の間が土砂崩れで通行止になったが、紅葉谷道に入るバイパスとして重宝した。

炭屋道と魚屋道の出合

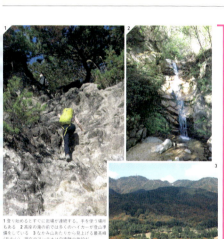

1 登り始めてすぐに岩場が連続する。手を使う場所もある　2 高座の滝の前では多くのハイカーが登山準備をしている　3 中山あたりから見上げる最高峰（左の山）。現在のアンテナは自衛隊の施設だ

六甲最高峰・有馬・記念碑台周辺

標高差900mを登る

初めての登山は六甲山、それも芦屋川駅から六甲最高峰に登り、有馬温泉へ下るコースを選ぶ人が多い。岩場、展望、古道、沢渡りと変化に富み、下山後は温泉が待つのだから、六甲登山の魅力がつまっている。ただし標高約30mの芦屋川駅から931mまで登る、六甲では一番標高差のあるコース。楽ではない。

芦屋川駅から川沿いに歩き、道標に従い高座の滝を目指す。「ロックガーデン」と書かれたアーケードから滝の茶屋、続いて大谷茶屋のある**高座の滝**へ。ここが実質の登山口だ。登り始めると、手を使う場所や鎖場がある岩場が待ち受ける。このあた

アドバイス
このコースは、六甲山は初めてという人はおろか、初登山で歩く人が多いが、山頂まで3時間と、なかなかのハードコース。リタイアするかどうかは、風吹岩までで判断したい。

問合せ先
紹介するコースを管轄する自治体および観光情報を得られる機関の問合せ先を示しています。

アクセス
紹介するコースのスタート地点とゴール地点の最寄り駅、バス停名を示しています。経年変化により変更となる可能性がありますので、最新の情報をご確認ください。

コース写真
紹介コースのおおよそ行程順に写真を載せています。登山道の様子を知るための参考としてください。

コース紹介文
コースの行程を紹介、ガイドしています。太い文字で示している地名と高低図のポイントが連動しています。

アドバイス
コース中の注意するポイントや計画のためのアドバイスを記しています。

マップの見方

国土地理院発行の数値地図（国土基本情報）をベースに作成しています。

メインコース
赤・青・緑いずれかの実線で表わしています。

サブコース
赤・青・緑いずれかの破線で表わしています。

コース番号
紹介コース番号と連動しています。

コースタイム
ポイントとなる区間のコースタイムを示しています。

コースタイム・ポイント
サブコースのポイントがメインコースとの合流地点の場合、地名のみ示している箇所があります。

六甲全山縦走路
各マップに同じ色でルートを示しています。

拡大図のページ数
囲んだ枠の範囲の拡大図が該当ページにあります。

他ページのマップで紹介しているコース
番号の色は各エリアの色と連動しています。

マップ凡例

コース番号	メインコース	ケーブルカー	コースタイム
❿	―	―	←0.00 / 0.00→ （時間.分）
他ページのマップで紹介しているコース番号		ロープウェー	🅿 駐車場
六甲最高峰・有馬・記念碑台周辺	サブコース	リフト	🅆🅒 トイレ
東六甲	---	市町村境	🚏 バス停
摩耶山周辺	六甲全山縦走路	国道	⚠ 危険な箇所
再度山・菊水山周辺			
高取山・須磨アルプス周辺	そのほかの登山道	有料道路	

六甲山を知る

〈自然〉
砂防植林がつくった景観

1 再度公園には六甲植林発祥の地の記念碑がある。砂防のための植林だ **2** 大龍寺周辺には、六甲山本来の植生、スダジイの森がある

「私は瀬戸内海の海上から六甲山の禿山を見てびっくりした。はじめは雪が積もっているのかと思った」(『牧野富太郎選集』「東京への初旅」より)。植物学者、牧野富太郎が明治14年(1881)に東京を目指した時に、船の上から六甲山を見上げた感想だ。当時、市街地に近い六甲山は、薪炭林として木が伐りつくされていた。そのため、六甲山はひとたび大雨が降ると、麓に大きな被害をもたらした。そこで、明治36年に再度山で砂防植林が開始され、荒地に強いマツやヤシャブシが植えられた。これらは、現在の六甲山でも普通に見ることができる。植栽はその後、偏りを解消するため多くの樹種に及んだ。

六甲山の本来の植生として、数は少ないものの山頂部でブナやイヌブナが見られる。また、標高400〜700m付近では、寺叢林として伐採を免れた旧摩耶山天上寺(摩耶山史跡公園)周辺のアカガシ林、再度山大龍寺周辺のスダジイ林が残る。

さて、六甲山の花といえばアジサイが有名だ。神戸市民の花として積極的に植栽されてきた。一方、自然のアジサイでは、コアジサイが多く見られる。西洋アジサイのように大輪ではないが、よい香りがするので一度匂いを嗅いでみてほしい。

また、六甲山の春の彩りに欠かせないのがツツジの仲間だ。桜咲くころに沿道を飾るコバノミツバツツジ、続いてモチツツジ、ヤマツツジと咲

ほのかな香りがするコアジサイ。初夏、六甲山全山で見ることができる

コバノミツバツツジの鮮やかなピンクは、六甲山の春の色だ

愛らしい花を枝いっぱいに付けるネジキもツツジの仲間。花期は春

ヤブツバキの散り椿は、花の少ない冬から春にかけての登山道を彩る

き継いでいく。数は少ないが、シロバナウンゼンツツジやベニドウダンも咲く。白く小さな花を鈴なりに付けるネジキやアセビもツツジの仲間だ。冬から春にかけて咲くヤブツバキも六甲山らしい花である。

紅葉は、コナラなどの雑木の黄葉が中心だが、布引周辺や再度公園などのようにモミジが植栽されたところでは目の覚めるような紅葉が楽しめる。モミジの植栽は各地にあり、高雄山の西斜面や、七三峠から二本松林道にかけて、本書では紹介していないが五助山など、思わぬ場所で見事な紅葉に出合うことがある。

布引貯水池で鮮やかな紅葉を楽しむ

〈歴史〉
生活の糧を得る山から レジャーの山へ

六甲山の名の由来は諸説ある。一般には難波津から大阪湾越しに「向こうにある山」が「武庫山」や「六甲（むこ）山」となり、現在のように六甲山と呼ばれるようになったとされる。大龍寺や天上寺のような古刹や、石の宝殿（六甲山神社）のような神聖な場所もあり、修験者が修行した行場もあったようだが、全体としては霊山というより、薪炭や茅、御影石に代表される石材など、生活の物資を得る山だった。

近代に入り、レジャーの山としていち早く目を付けたのは、神戸の居留外国人たちだ。六甲山の開祖と呼ばれるA.H.グルームは、山上に別荘を建て、日本で最初のゴルフ場を建設した。登山では、H.E.ドーントらが登山会を作って山中を闊歩し、それがやがて神戸徒歩会（KWS）など日本人による登山会を生む布石となり、さらに六甲山をゲレンデに岩登りするロック・クライミング・クラブ（RCC）へとつながっていく。

余談だが、日本で最初の近代登山として、幕末から明治にかけて活躍した英国人アーネスト・サトウが、お雇い外国人ガウランド（日本アルプスの名付け親）、アトキンソンらと、六甲山でネイルドブーツ（鋲靴）を履き、ピッケルを用いて六甲山を登山したという話が紹介されることがある。好日山荘の創業者、西岡一雄の『登山の小史と用具の変遷』に

1 昭和初期から戦後にかけて六甲山の山上池を利用したアイススケート場もあった **2** 石の宝殿に参る人々。説明に「六甲山権現」とある

よれば、出典は長尾宏也の著書だという（著者は未見）。明治6年のことで、長尾はサトウの日本語教師、高岡要の手記に書かれていたとする（長尾の著書ではアトキンソンではなくアトキン）。ただし、西岡は、近代登山が世に広まる以前に、高岡がネイルドブーツやピッケルの名称をどのように知ったか疑問視する。また、同行したのが八ヶ岳や白山に登ったR.W.アトキンソンなら、来日は明治7年で、年代も合わない。まめに日記をつけたサトウも文章を残しておらず明治6年に神戸を訪れた記録もないようだ。高岡の手記が見つからない以上、この説は保留としておきたい。

さて、六甲山には大正14年に摩耶ケーブルが開通し、昭和3年、4年と裏六甲ドライブウェイ、表六甲ドライブウェイが続けて開通し、山上へバスが運行された。今は六甲サイレンスリゾートとなっている六甲山ホテルはこの年に開業した。昭和6年に六甲ロープウェイ（戦時の資材供出により廃業）、翌年には六甲ケーブルが開通、六甲高山植物園や六甲カンツリーハウス（現六甲山アスレチックパークGREENIA）など、山上開発の土台は戦前にすでに整っていた。

大正11年創立の神戸ヒヨコ登山会の保久良神社毎日登山署名所。神戸の登山文化

六甲山を歩くために

六甲山は、最高点の六甲最高峰でも931mと、1000mに満たない低山だ。暖かい瀬戸内海に面し、積雪しても根雪となることもなく、登山は通年行なえる。ただし、低山だけに真夏はかなり暑い。充分な飲料水を準備しておこう。自販機の有無も確認しておくとよい。また、南側を表

六甲、北側を裏六甲と呼ぶが、冬季の裏六甲は、少ないとはいえ雪が残っていたり路面凍結があるため軽アイゼンやチェーンスパイクは携行しておきたい。

　登山道は、一般ルートに関しては道標が整備されている。したがって、目的地や経由地がわかっていれば、迷うことはない。しかし、六甲山には尾根という尾根、谷という谷に踏み跡があり、正規ルートを外すと思わぬ方向に導かれる。その分、登山のベテランでも充分に楽しめるわけだが、最近はインターネットによる情報で、力量のない人までが、難ルートに入り込む。筆者は危険な谷道を近道と思い下ってくる登山者と出会い、ルート変更を求めたりしてきた。難ルートには、任意でロープが張られていたりするが、安全を保障するものではない。本書ではあえて上級者向けルートを紹介し、自分がそのルートに入り込むべきかどうかの判断材料を提供したい。

遭難も多い六甲山。道迷いが圧倒的

　例年6月ごろに、全国の遭難の件数と態様が警察庁から発表される。関西の府県で遭難件数上位の常連が兵庫県だ。そしてその半数が、六甲山での遭難である。とにかく多いのが道迷い。登山者と呼ぶにはあまりに軽装で、地図を持たずに入ってくるハイカーも数多い。実際に一般ルートで多くの初心者に道を尋ねられることも珍しくない。

　六甲山での遭難救助活動は、主に各市の消防局が行なう。神戸市の場合は、ポートアイランドにあるヘリポートからヘリコプターが飛ぶ。六甲山の一般ルートの道標には「通報プレート」が設置され、迷った際にそのナンバーを119番通報すれば、救助に向かってくれる。とはいえ、道標のあるルートで迷うのは、明らかに登山の力量不足。最低限、地図を携行し、自分の現在地をわかる程度には登山力をつけて臨むこと。まれに滑落死亡事故なども発生している。市街地に近いからといって油断せずに、六甲山を楽しんでほしい。

1 大阪湾に浮かぶポートアイランドにあるヘリポート。六甲遭難救助はここから向かう
2 神戸市や芦屋市内は随所の道標に遭難通報プレートが付く（写真は神戸市内のもの）

六甲最高峰・有馬・記念碑台周辺

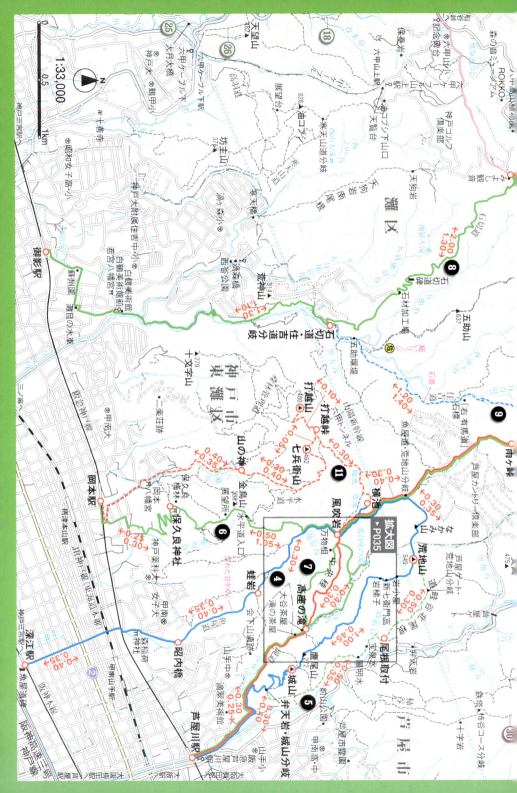

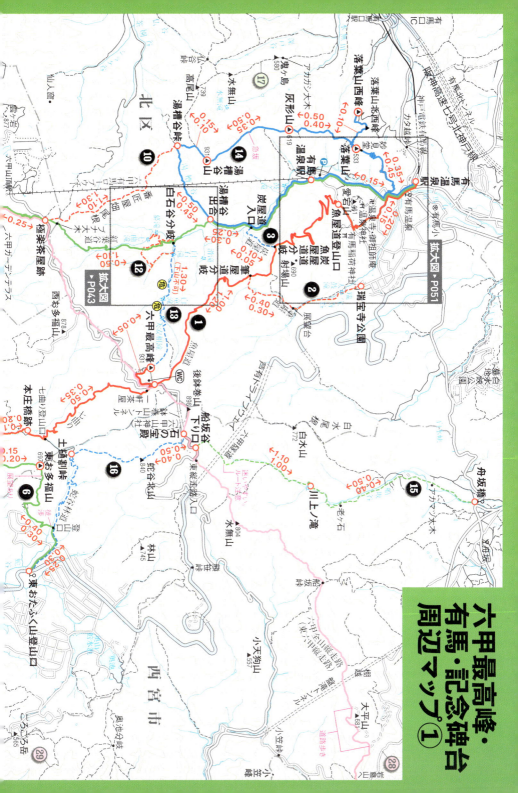

1 六甲最高峰

中級
MAP ▶ P016

六甲登山を代表する岩場、展望、古道ルートを歩く

中央稜から大阪湾を振り返る

コースの概要

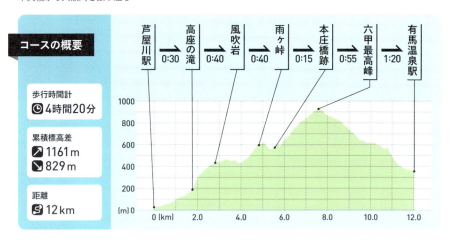

芦屋川駅 →0:30 高座の滝 →0:40 風吹岩 →0:40 雨ヶ峠 →0:15 本庄橋跡 →0:55 六甲最高峰 →1:20 有馬温泉駅

- 歩行時間計　4時間20分
- 累積標高差　↗1161m　↘829m
- 距離　12km

アクセス
行き＝阪急神戸線芦屋川駅
帰り＝神戸電鉄有馬線有馬温泉駅

問合せ先
芦屋市市民生活部環境・経済室地域経済振興課☎0797-38-2033
神戸市森林整備事務所☎078-371-5937
神戸市総合インフォメーションセンター☎078-241-1050

1 登り始めるとすぐに岩場が連続する。手を使う場所もある　2 高座の滝の前では多くのハイカーが登山準備をしている　3 なかみ山あたりから見上げる最高峰（左の山）。現在のアンテナは自衛隊の施設だ

標高差900mを登る

　初めての登山は六甲山、それも芦屋川駅から六甲最高峰に登り、有馬温泉へ下るコースを選ぶ人が多い。岩場、展望、古道、沢渡りと変化に富み、下山後は温泉が待つのだから、六甲登山の魅力がつまっている。ただし標高約30mの芦屋川駅から931mまで登る、六甲では一番標高差のあるコース。楽ではない。

　芦屋川駅から川沿いに歩き、道標に従い高座の滝を目指す。「ロックガーデン」と書かれたアーケードから滝の茶屋、続いて大谷茶屋のある**高座の滝**へ。ここが実質の登山口だ。登り始めると、手を使う場所や鎖場がある岩場が待ち受ける。このあた

アドバイス

このコースは、六甲山は初めてという人はおろか、初登山で歩く人が多いが、山頂まで3時間と、なかなかのハードコース。リタイアするかどうかは、風吹岩までで判断したい。

1 風吹岩。阪神・淡路大震災で姿を変えてしばらくは風吹岩跡と呼ばれた **2** マツの大木が印象的な雨ヶ峠 **3** 住吉川を飛び石で渡る。大雨直後は増水で渡れないこともある **4** 魚屋道は住吉川を本庄橋という石橋で渡った。その橋だけが残っている

りをロックガーデンとすることが多いが、ロックガーデンは、厳密には、この中央稜を挟んだ地獄谷や高座谷一帯の岩場を指す。岩場が終わると歩きやすくなり風吹岩に着く。ここで深江浜からの魚屋道と合流、以後、有馬温泉まで魚屋道をたどる。

　しばらく軽いアップダウンが続き、ゴルフ場を抜けると、雨ヶ峠までは急な登りだ。雨ヶ峠からはいったん住吉川沿いの本庄橋跡まで下る。登り返して再び住吉川を渡ると、七曲りの急坂が始まる。山上の一軒茶屋まではひと踏ん張りだ。最高峰は道路を渡って5分ほどだ。

　下りは一軒茶屋前の広場から石畳

1 一等三角点のある六甲最高峰山頂。近年、周辺の樹木が刈られ展望がよくなった **2** 紅葉の魚屋道を有馬温泉に向けて下っていく **3** 有馬温泉街の湯本坂では店が並んで風情たっぷり

六甲最高峰・有馬・記念碑台周辺

もっと知りたい！

目立たない場所にある最高峰の碑

もう一つの最高峰の碑

現在の山頂の南側、一段下がったところに、ケルンを積んだような碑が立つ。昭和42年に、日本スピンドル山岳部という職域山岳会が建てた山頂碑だ。この時代、最高峰の山頂には、米軍のパラボラアンテナが立ち、登山者が立ち入ることができなかったので、ここを山頂としたのだ。日本に返還されたのは平成4年になってから。六甲山にはそういう時代もあった。

の道へ。石畳はすぐに終わり、しばらく緩やかで快適な道になる。徐々に下りが急になり、再び緩やかになると射場山に突き当たる。水平道で射場山を巻き終わると大きく折れ曲がるつづら折りに。最後は有馬温泉上の道路に降り立ちここで右に折れる。タンサン坂の入口から下り湯本坂をたどって、**有馬温泉駅**を目指す。

021

SUB COURSE

② 筆屋道

中級
MAP ▶ P016

筆屋道分岐 → 展望台 → 瑞宝寺公園　　　　　　　歩行時間 ◎30分

瑞宝寺公園へは筆屋道が近道

魚屋道から瑞宝寺公園へアプローチ

　魚屋道を下っていくと、射場山の手前に筆屋道の下り口がある。平成18年「有馬温泉癒しの森」整備の折りに有馬にあった筆屋町に因んで筆屋道と名付けられた。紅葉の名所、瑞宝寺公園へと続き、シーズンに有馬温泉に下るなら、この道をおすすめしたい。途中には、温泉街を見下ろす展望台や、小ぶりながら見ごたえのある太鼓滝がある。ただし谷道なので、荒れた箇所が多く、水量が多いと徒渉に苦労することもある。

③ 炭屋道

初級
MAP ▶ P016

炭屋道入口 → 炭屋道・魚屋道分岐　　　　　　　歩行時間 ◎10分

炭屋道と魚屋道の出合

紅葉谷と魚屋道をつなぐ

　筆屋道と同じく「有馬温泉癒しの森」整備時に整備された。周辺は炭焼き窯が多かったといい、今も登山道脇に炭焼き窯跡が残っている。登り10分、下り5分の短い道だが、紅葉谷道と魚屋道をつなぎ、例えば、紅葉谷道を下り瑞宝寺公園に行きたい時は、筆屋道と併せて利用すれば近道だ。2010年代にロープウェー有馬温泉駅と炭屋道入口の間が土砂崩れで通行止になったが、紅葉谷道に入るバイパスとして重宝した。

4 荒地山

中級
MAP ▶ P016

六甲最高峰・有馬・記念碑台周辺

岩場を存分に楽しんだあとは、魚屋道で深江へ

岩小屋のテラス。古い岳人が寝泊まりした岩小屋跡がある

コースの概要

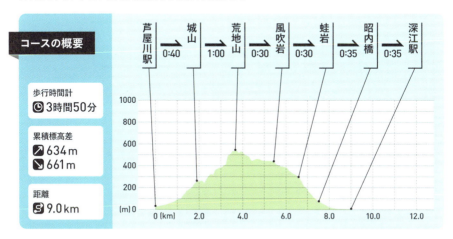

芦屋川駅 →0:40→ 城山 →1:00→ 荒地山 →0:30→ 風吹岩 →0:30→ 蛙岩 →0:35→ 昭内橋 →0:35→ 深江駅

- 歩行時間計 3時間50分
- 累積標高差 ↗634m ↘661m
- 距離 9.0km

アクセス
行き=阪急神戸線芦屋川駅
帰り=阪神本線深江駅

問合せ先
芦屋市市民生活部環境・経済室地域経済振興課☎0797-38-2033
神戸市森林整備事務所☎078-371-5937（登山道）
神戸市経済観光局観光企画課☎078-230-1120
神戸市総合インフォメーションセンター☎078-241-1050

アスレチック気分で岩小屋を目指す

荒地山は、中央稜風吹岩から眺めると特徴がよくわかる。山肌には巨岩が林立し、岩がちなイメージの六甲の中でも、もっとも岩に触れられる山だろう。ここでは荒地山を楽しんだ後、魚屋道の「六甲最高峰」(コース❶P018)で通らなかった部分

城山への分岐。城山(鷹尾城跡)説明板がある

1 城山周辺はコバノミツバツツジが群生していて春は華やかだ **2** 岩梯子は落ち着いて足の置き場を見ていけば意外と簡単に登れる。登り切ってからの岩を越すのに苦労する

アドバイス

岩梯子などの岩場は迂回路があるが、こちらも岩場で道もわかりにくい。岩梯子は三点支持を忠実に。トンネル状の岩はザックを背負ったままでは通りにくいので、先にザックを通してしまおう。

を最後までたどってみよう。

　芦屋川駅から芦屋川沿いに高座の滝方面へ。滝道に入る手前で、右に城山への道標に従うとやがて登山道になる。ひと登りすると、電波施設とベンチがある城山に達する。この一帯には鷹尾城と呼ばれる山城があったという。今はその面影はない。一方で、4月上旬、コバノミツバツツジが咲き誇りピンクの回廊となる。尾根通しに進んで、高座の滝への分岐を過ぎて登り返していくと、岩がちになっていく。やがて目の前に岩梯子が現われる。手足を使って登りきると次は新七衛門嵓の岩場に出る。トンネル状の岩を潜り抜け、さらに高度を上げる。展望抜群の岩小屋のテラスが、岩場のフィナーレだ。

　その先は平凡な樹林の道を荒地山山頂へ。広場になった山頂は展望が

六甲最高峰・有馬・記念碑台周辺

1 岩梯子を通過すると新七右衛門嵓が現われる。このすぐ先にトンネル状の岩がある　2 荒地山山頂でハイカーが憩う　3 スイレン咲く横池雄池　4 蛙岩は後ろから見た姿がまさにカエル。尾根を直進すると会下山（えげのやま）遺跡を経て芦屋川駅へ。魚屋道は右へ

025

1 魚屋道は荒れた谷道を下る　2 魚屋道の碑。江戸時代からある六甲越えの古道で、大正期には深江浜で獲れた魚を有馬へ運んだという

ない。先に進んで、山頂のわからないなかみ山を越えて魚屋道に下って左へ。途中に横池への分岐があるので、立ち寄るとよい。魚屋道に戻り、**風吹岩**まで来ると右へ。金鳥山・保久良神社方面との分岐では直進し蛙岩方面に進む。**蛙岩**まで来たら右折して下るとやがて涸れた谷を歩くようになる。少々道は荒れている。市街地に出て**昭内橋**を経てそのまま下り阪神**深江駅**を目指そう。JR甲南山手駅の方が手前にあるが、深江駅を過ぎたところに「魚屋道碑」がある。ここを魚屋道の終点としたい。

もっと知りたい！

憩いの場、横池

雄池とはまた違った雰囲気の雌池

魚屋道から2、3分のところにたたずむ横池は、広々として落ち着いた空間が広がる。本コースにとどまらず、近くを通ったらぜひ訪れてひと息つきたい。ここで弁当を広げるのもいい。6月ごろなら赤や白のスイレンが咲き、近年は見かけることが少なくなったが、うまくすればモリアオガエルの卵塊を見つけることができる。この雄池からさらに奥に進むと、岩が池に浮かぶまた違った趣の雌池がある。

⑤ 道畦谷北尾根

上級
MAP ▶ P016

弁天岩・城山分岐 → 芦屋ゲート・荒地山分岐 → 荒地山　　歩行時間 ◎ 1時間40分

1

荒地山へつながるもう一つの岩稜

　荒地山は南斜面が岩場になっている。東に延びる道畦谷北尾根も岩が多く、ルートファインディングが必要な上級者ルートだ。

　取付は、荒地山東、芦屋川沿い右岸の登山道にある。この右岸道には、城山に登り始めてすぐのところで右に入る弁天岩への分岐から入っていく。宝泉水を過ぎて道畦谷の堰堤上を通り、少し谷を登ってすぐ右、シダ分けの道を歩いて登り切った分岐が取付だ。このあたりは踏み跡が多く、いくぶん道がわかりにくい。尾根に取り付くと岩稜となり、連続する岩を越えながら登るようになる。おにぎりのような岩を見下ろすようになると岩稜は終盤。やがて傾斜もなくなり、芦屋ゲートと荒地山の分岐に出て、荒地山に向かう。

1 道畦谷北尾根は展望のよい箇所が多い。おにぎりのような岩が見えるところまでくれば岩稜は終わる　2 芦屋川右岸の登山道には、陽明水、宝泉水と名付けられた水場が2つある。飲用はあくまで自己責任で

6 東お多福山

初級
MAP ▶ P016

六甲唯一の草原歩き、
保久良神社へ下る

東お多福山の山頂から下ってくると草原が広がる

コースの概要

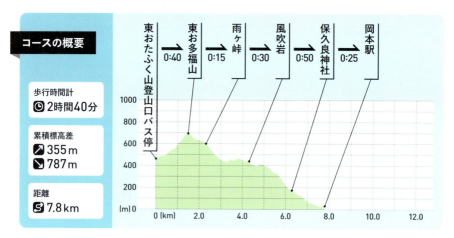

東おたふく山登山口バス停 →0:40 東お多福山 →0:15 雨ヶ峠 →0:30 風吹岩 →0:50 保久良神社 →0:25 岡本駅

歩行時間計 2時間40分
累積標高差 ↗355m ↘787m
距離 7.8km

アクセス
行き＝阪急神戸線芦屋川駅（阪急バス12分）東おたふく山登山口
帰り＝阪急神戸線岡本駅

問合せ先
芦屋市市民生活部環境・経済室地域経済振興課☎0797-38-2033
神戸市森林整備事務所☎078-371-5937（登山道）
神戸市経済観光局観光企画課☎078-230-1120
神戸市総合インフォメーションセンター☎078-241-1050

六甲最高峰・有馬・記念碑台周辺

1 蛇谷林道から登山道に入ると徒渉がある。増水時はやっかいだ　2 住宅地の横を歩く水平道が終わると急登が始まる　3 コアジサイ咲く登山道　4 山頂の手前の小さな草原には大阪湾を見下ろす展望地がある

高原散歩と展望と

　六甲最高峰の南東に横たわる東おたふく山は、六甲山地ではほかに見ない草原が広がっている。バス停から1時間かからずに登れるので、その穏やかさと相まって手軽な山といえる。雨ヶ峠に下るので、そこから最高峰へ行くこともできれば、北に土樋割峠経由で蛇谷北山を越え、石の宝殿に行くのもよい。ここでは、風吹岩から「灘の一つ火」で知られる保久良神社に下るコースを紹介する。

　東おたふく山登山口バス停から西へ、次の分岐で左、次に右と、道標に従って蛇谷林道に入る。すぐに左手に東お多福山への道標がある。ここが登山口で、流れを渡り林の中へ。しばらくは住宅地沿いに水平に歩いてから登りが始まる。急だが長くは

アドバイス

特に問題となる箇所はない。風吹岩からの下りは分岐が多いが、道標が完備されている。保久良梅林の見ごろは例年2月下旬から3月上旬。保久良神社の燈籠から右へ山道を行けば、駅までいくぶん近道となる。

1 大阪湾を一望する風吹岩　**2** 風吹岩から魚屋道を金鳥山方面に下る。しばらくは岩がちの登山道　**3** 緩やかになった登山道を金鳥山へ向かう

ない。登りが緩やかになると、展望が開けてくる。山頂は広いだけで特に何もなく、南へ5分ほど下るとお目当ての草原が広がる。

　草原でゆっくりしたら**雨ヶ峠**へと下る。左へ下ってゴルフ場を経て少し登り返し、**風吹岩**に着いたら右へ、魚屋道を下っていく。道が水平になり、しばらく進んだところの分岐で、魚屋道と分かれ、**金鳥山**・保久良神社方面へ。

　金鳥山は最近、誰かが山名の札を付けたようだが、もともとはどこが山頂かはよくわからない。一段下がったところに広場になった展望所がある。保久良神社に向けて下り、保久良梅林横を通り、**保久良神社**へ。鳥居前には、昔、大阪湾を行く船が目印にしたという「灘の一つ火」といわれる燈籠が立つ。**岡本駅**へは燈籠から左にとり参道を下っていこう。市街地にも道標はあるが、少し複雑だ。ただ下りさえすれば駅には着ける。

六甲最高峰・有馬・記念碑台周辺

1 金鳥山直下の展望広場。広々として、ひと息つくにはいいところだ **2** 保久良神社の象徴「灘の一つ火」。大阪湾の見晴らしがいい **3** 保久良神社参道には愛らしい干支の石像が並ぶ **4** 早春なら保久良梅林でぜひお花見をしたいところ

もっと知りたい！

エリアを区切って植生を調査する

ススキ草原再生を目指して

東お多福山の草原は、昔はススキ草原が広がり、茅葺や肥料に利用されていた。かつては野焼きが行なわれ、資源の調達という役目を終えてからも、皮肉なことに登山者の火の不始末などでススキ草原が維持されてきた。それがいつの間にかネザサに覆われ草原は姿を変えた。現在、複数の団体が協力してネザサの刈り払いを行ない、多様性のあるススキ草原再生を目指して活動している。

7 芦屋ロックガーデン

上級
MAP ▶ P016

六甲山の岩場の象徴、地獄谷と高座谷へ

展望のいいところまで登ったらAケンのピークと大阪湾を一望

コースの概要

芦屋川駅 →(0:30)→ 高座の滝 →(1:00)→ 万物相 →(0:40)→ 奥高座の滝 →(0:40)→ 高座の滝 →(0:25)→ 芦屋川駅

- 歩行時間計 3時間15分
- 累積標高差 ↗480m ↘480m
- 距離 6.0km

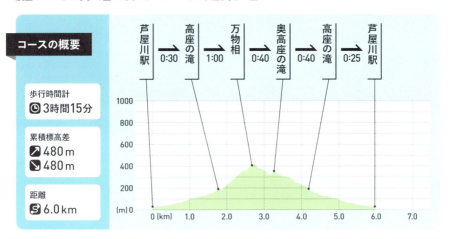

アクセス
往復＝阪急神戸線芦屋川駅

問合せ先
芦屋市市民生活部環境・経済室地域経済振興課☎0797-38-2033
神戸市森林整備事務所☎078-371-5937（登山道）
神戸市経済観光局観光企画課☎078-230-1120
神戸市総合インフォメーションセンター☎078-241-1050
※いずれも地獄谷については問い合わせ不可

1 地獄谷に入ってすぐの右手奥にあるゲートロック　2 滝横を登る。滑らないよう確実に　3 この滝は巻き道なし。よく見れば手をかける場所や足場がある。これを越えた大岩は雨が降ると水が流れる。乾いていることが必須　4 分岐となる小便岩。水は流れていたり涸れていたり

六甲の岩登りの歴史に触れる

　芦屋ロックガーデンとは、大正末期から昭和初期にかけて、阪神間の岳人が岩登りの研鑽を積んだ、中央稜を挟んだ地獄谷と高座谷の岩場を指す。歩く人は多いが、一般ルートではない。踏み跡も交錯し、初めて歩く人だけでは迷うエリアだ。

　芦屋川駅から、まずは**高座の滝**へ。高座の滝からひと登りしたら、中央稜（尾根）に向かわずに、尾根を越えて谷に下りる。防災サイレン用の電線をまたぎ上流へ。ゴロゴロした岩を越えていくが、特に道はない。よく踏まれた場所を見つけて遡って

アドバイス

必ず歩いた経験のある人が同行すること。滝横の岩場は濡れている。確実に三点支持で登ること。雨の直後は難易度が上がる。上部はしっかりした踏み跡を歩く。なんとなく道っぽいところは崩れることがある。

1 A懸垂岩。アイゼン訓練で登るためステップができている。長い歴史を実感する　2 展望のよいピークを越えて下ると、こんな細いところを通ることも　3 万物相への登り。地獄谷のクライマックスだ

いく。滝がいくつか現われるが、最初のほうは巻き道がある。岩登りの経験があるなら滝横の岩場を登るほうが早い。写真で紹介した滝（P033）は巻き道がないが、落ち着いて登れば危険はない。小便滝まで来たら、方角を90度変え、滝の上に続く谷を遡る。徐々に水は細くなり、ひとつだけ小さな滝を越えると、A懸垂岩（通称Aケン）の前に出る。Aケンの先で道（谷）が左右に分かれるが、右を選び、すぐ右の風化した岩を登る。岩を縫うように続く踏み跡をたどり、展望のよいピークを越えると下りとなる。いったん谷地形の底まで下って登り返すと、風化花崗岩の林立する**万物相**(ばんぶつそう)に出る。地獄谷

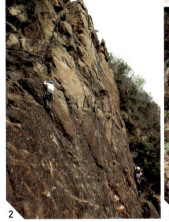

1 万物相へ。道を外すとアリ地獄のように登れなくなるので踏み跡をよく見よう **2** 休日になるとクライマーが取り付いているキャッスルウォール。この横の岩場を登って荒地山に向かうこともできる **3** 滝というには少々小さい奥高座の滝

六甲最高峰・有馬・記念碑台周辺

はここで終了し、岩の裏側から左に林間の道をたどって中央稜へ。中央稜に出たところの正面の道を下ると高座谷に着く。

奥高座の滝へは、キャッスルウォールの横を通り遡る。小さな滝で見ごたえはないので、キャッスルウォールから高座谷を下ってもよい。滝から高座谷を引き返し下っていくと、中央稜に合流して高座の滝へ戻る。

高座の滝左上方の藤木九三レリーフ。高座の滝前では毎年9月に藤木祭が催される

COLUMN ① 近代アルピニズム発祥の地とRCC

　芦屋の六甲山登山口のひとつ、高座(こうざ)の滝の左上方に、レリーフがある。大正末期から昭和初期にかけて、阪神間の登山家たちが結成したロック・クライミング・クラブ（RCC）の中心となった藤木九三(ふじきくぞう)のレリーフだ。

　RCCは、日本で最初の岩登り専門の社会人山岳会で、メンバーには、日本初の岩登りの技術書『岩登り術』（RCC会員のために藤木が訳したものがもと）の著者水野祥太朗や、好日山荘の創立者西岡一雄、後年には、単独行で知られた加藤文太郎も名を連ねている。彼らは芦屋ロックガーデンで研鑽を積み、日本各地の岩場へと出かけた。六甲山が、「近代アルピニズム発祥の地」といわれるゆえんだ。ちなみに「懸垂下降」や「捨て縄」などの登山用語は藤木の翻訳である。

　芦屋ロックガーデンには、A懸垂岩（通称Aケン）や、阪神大震災で崩壊したB懸垂岩（Bケン）、ゲートロック、キャッスルウォール、イタリアンリッジ（今はない）、ピラーロック（阪神

藤木九三著『屋上登攀者』掲載のRCC岩祭りの様子。版画はRCCメンバー中村勝郎による

今も岩登りの練習場となっているA懸垂岩。アイゼン訓練も行なわれる

RCCの面々（左端藤木九三、2番目中村勝郎、右端榎谷徹蔵、2番目西岡一雄）（写真提供＝川原真由美）

芦屋ロックガーデンでトレーニングする藤木九三

・淡路大震災で崩壊）など、多くの岩場があり、現在もクライマーたちが岩登りの練習に励んでいる。今、六甲山への主要ルートである中央稜をロックガーデンと称することが多いが、基本的には、芦屋地獄谷から高座谷にかけての一帯が芦屋ロックガーデンである。

　大正14年（1925）、藤木はRCCメンバーの詩人、富田砕花と北アルプス穂高岳滝谷に出かけ、初登攀をなした。現在、滝谷入口の巨岩には高座の滝と同じレリーフがはめ込まれている。

六甲最高峰・有馬・記念碑台周辺

037

8 石切道・紅葉谷道

中級
MAP ▶ P016

かつて御影石を切り出した道を越えて

石切道は下部は石がゴロゴロして歩きにくいが上部に行くにつれ歩きやすくなる

コースの概要

御影駅 → 1:30 → 石切道・住吉道分岐 → 2:00 → 六甲全山縦走路出合 → 0:25 → 極楽茶屋跡 → 1:15 → ロープウェー有馬温泉駅 → 0:15 → 有馬温泉駅

- 歩行時間計: 5時間25分
- 累積標高差: ↗1091m ↘776m
- 距離: 12km

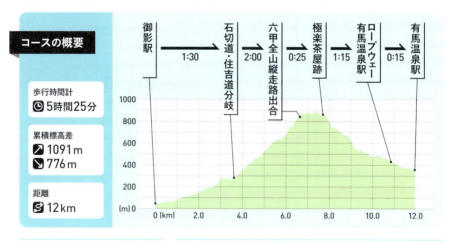

アクセス
行き＝阪急神戸線御影駅
帰り＝神戸電鉄有馬線有馬温泉駅

問合せ先
神戸市森林整備事務所☎078-371-5937（登山道）
神戸市経済観光局観光企画課☎078-230-1120
神戸市総合インフォメーションセンター☎078-241-1050

1 往時をしのんで再現された灘目の水車。以前は回っていたが今は動いていない **2** 御影石で造られた石切道を示す石碑。全山縦走路との出合にもある **3** 石材が積まれた場所もある。石切道を歩いていることを実感させてくれる

六甲最高峰・有馬・記念碑台周辺

山の恵みが生んだ産業と暮らし

　六甲山で採れた花崗岩を本御影と呼ぶ。江戸時代、六甲山で採石された御影石は、御影浜から船で全国各地に運ばれた。石切道はその名残を感じられる道だ。

　阪急**御影駅**から、深田池の横を通り蘇州園の角で右折する。左に出てくる石畳の路地に入ると灘目の水車がある。昔、住吉川流域は水車で杵を突き精米したり菜種油を生産していたという。白鶴美術館の前を通り、次の三叉路で住吉川沿いへ。道路を延々進んで、道標を見つけ、登山道をひと登り。広い道に出て左へ進むと、ベンチのある**石切道の分岐**がある。石切道を、途中で石材が積まれた舗装路も絡めつつ登っていこう。「石切道」の石碑からが本格的な登山道で、登りきると**六甲全山縦走路**に出る。

> **アドバイス**
> 石切道は舗装路と交差して分岐が多いが、道標に従っていけば迷うところはないだろう。御影駅から住吉川に沿うまで遠いのが難だが、JR住吉駅から白鶴美術館前までの神戸市バスがある（渦森台行き）。

039

1 紅葉谷道を下り始めるとすぐに大きなブナの木がある。六甲山のブナはイヌブナが多い **2** 六甲ガーデンテラスを通っていく **3** 紅葉谷道の上部は谷地形 **4** 水が流れる箇所もある。雨の時は道が水浸しになることも **5** 白石谷と合流するとやがて堰堤の広場へ

　縦走路を右へ。縦走路は六甲ガーデンテラスの東端から続いている。ドライブウェイに出て横断したところが**極楽茶屋跡**だ。ここから紅葉谷道を下る。下り始めるとすぐに六甲山では貴重なブナの大木がある。やがて谷沿いを下るようになるが、しばらくして尾根道に変わる。湯槽谷出合まで来るとコンクリート道になり、川を渡ると広い林道となって、**ロープウェー有馬温泉駅**に出る。駐車場右横の路地を抜けていくと有馬温泉街への近道だ。

⑨ 住吉道

初級
MAP ▶ P016

石切道・住吉道分岐 → 五助堰堤 → 魚屋道出合　　歩行時間 1時間40分

住吉道は下部に石畳がかなりの距離で残る

石畳の残る六甲越えの道

　住吉道は、瀬戸内側から六甲を越え、有馬に抜ける古道のひとつだ。一部では石畳がしっかりと残り、六甲の中では古の往来を感じる一番の道だろう。途中から古い道筋がもう少し山の上を通っていたことが、阪神大水害で流れ落ちたという「右 有馬道」の石標から知ることができる。
　入口は五助堰堤下の石切道との分岐から。おおむね住吉川に沿いつつ、最後は川から離れていき、雨ヶ峠と本庄橋跡の間で魚屋道と合流する。

⑩ 番匠屋畑尾根

初級
MAP ▶ P016

極楽茶屋跡 → 湯槽谷峠　　歩行時間 1時間10分

極楽茶屋から左へ向かうのが番匠屋畑尾根

極楽茶屋跡と有馬三山をつなぐ

　六甲山上の極楽茶屋跡では、有馬に向けて、紅葉谷道と番匠屋畑尾根の2つのルートが続いている。番匠屋畑尾根は、戦前のガイドブック木藤精一郎著『六甲北摂　ハイカーの径』では「番匠尾根」、竹中靖一著『六甲』では「番所屋畑尾根」と記載され、名称のばらつきがある。竹中は「昔、茶畑があったと云ふから或は番茶屋畑か」と書いている。
　アップダウンを繰り返しながら高度を下げていき、湯槽谷峠に達する。

SUB COURSE

11 七兵衛山・打越山

初級
MAP ▶ P016

横池 → 打越峠 → 打越山 → 七兵衛山 → 岡本駅　　　歩行時間 ◎2時間

横池から隠れた展望の山へ

　七兵衛山と打越山は、目立たないピークだが、周辺の登山道は明るく気持ちよい。市街地から近く、麓から登るのもよいが、魚屋道周辺を歩いた後に組み合わせるとよさがわかる。横池から登り岡本駅へと下ってみよう。

　雄池から雌池に進み、池を南から回り込んで西に延びる尾根に取り付く。ここから打越峠への尾根道は明るい林に囲まれる。左に七兵衛山への道を見送るとすぐに打越峠に着く。峠を直進し、一度南へ曲がり折り返すと、打越山山頂だ。峠に戻り、先ほどの七兵衛山登り口から七兵衛山山頂へ。下山は北東の尾根を下り、打越峠からの道と合流したら右にとる。手作りの欄干の橋を渡ったら山の神に着く。ここからは八幡谷を下り、岡本の市街地へ。

1 ひっそりとした打越山頂上。石積みの椅子がいくつかある　2 打越山山頂は手作り感あふれる。地元で愛されているのがわかる　3 打越山を下ってからは尾根道と打って変わって暗い道になる。山の神の周辺も伐採木を使ったベンチなどがある

⑫ 有馬四十八滝

上級
MAP ▶ P016

白石谷分岐 → 七曲滝 → 百間滝 → 似位滝 → 白石谷分岐 ── 歩行時間 ◯一周約2時間

六甲最高峰・有馬・記念碑台周辺

寒波が続いた時が狙い目。いつも凍っているわけではない。アプローチは危険が伴う

冬の風物詩、氷瀑を訪れる

　有馬四十八滝、特に七曲滝の氷瀑は、以前は六甲山の冬の風物詩として、凍った翌日の新聞に掲載されたりした。
　紅葉谷道の崩落でアプローチしにくくなったが、インターネットの発達で訪れる人が格段に増えたのが懸念される。七曲滝へは紅葉谷道を登る。迂回路の柵が2つあり、2つ目の柵から下ると道が2分する。右は崩落した旧道、左が七曲滝への道だ。危険を伴う冬は軽アイゼン必携だ。すぐに道は、谷の際を歩く道と、上方から谷を巻く道に分かれる。いずれも危険だが、上の方が滑落の恐れは少ない。百間滝へは一度戻ってさらに紅葉谷道を登る。昔の道は崩落し通行止だが、その入口から尾根を急登してアプローチできる。
　上流の似位滝を見たら、白石谷を足元に気を付けて下る。

⑬ 白石谷

上級
MAP ▶ P016

白石谷分岐 → 白石滝 → 白竜滝 → 六甲最高峰　　歩行時間 ⏱ 1時間30分

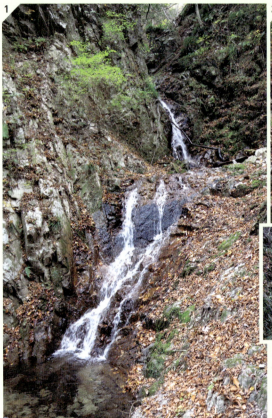

1 白竜滝。この写真を撮った位置の右側にルンゼ（岩溝）がある **2** フィックスロープで滑りやすいルンゼを登っていく **3** 高巻き道の幅は細い。かなり高さがあり滑落すると大変なことになる。足運びは一歩一歩慎重に

登山力が試されるハイグレードな谷

　白石谷は昔から歩かれている谷だが、高巻き道が多く滑落の危険が伴う。特に、白石滝と白竜滝（はくりゅう）の高巻き道の幅が狭い。上級者向けの谷と心得たい。きわどい谷道だけに下山は危険だ。

　白石谷入口は、昔は道標があったが、今はない。入ってすぐに堰堤を越え、白石滝前の広場に出る。白石滝に向かって右斜面に登り口があるが、わかりにくい。高巻きを終えると谷の中を歩く。白竜滝がこの谷の白眉で、夏はイワタバコが群生する。滝手前右側のルンゼ（岩溝）をロープを利用して登り、高巻き道に入る。道から大安相滝（だいあんそう）が見下ろせる。谷に下り正面と右の谷に堰堤がある二俣に来たら、正面の谷に進んですぐ右手に斜面への取付がある。ここから急な尾根通しに最高峰へ。

14 有馬三山

中級
MAP ▶ P016

六甲最高峰・有馬・記念碑台周辺

有馬温泉の裏山を散策

魚屋道から見た湯槽谷山

コースの概要

有馬温泉駅 →0:45→ 湯槽谷出合 →1:05→ 湯槽谷山 →0:35→ 灰形山 →0:50→ 落葉山西峰 →0:10→ 落葉山 →0:35→ 有馬温泉駅

- 歩行時間計 4時間
- 累積標高差 ↗762m ↘762m
- 距離 7.2km

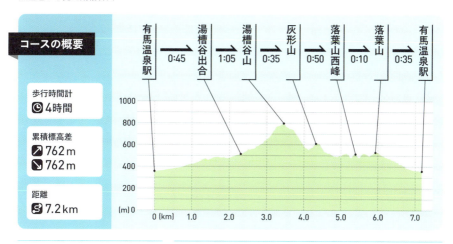

アクセス
往復＝神戸電鉄有馬線有馬温泉駅

問合せ先
神戸市森林整備事務所☎078-371-5937（登山道）
神戸市経済観光局観光企画課☎078-230-1120
神戸市総合インフォメーションセンター☎078-241-1050
有馬温泉観光協会☎078-904-0708

045

1 湯槽谷はほぼ未整備。ルートファインディングの力が必要　2 湯槽谷峠に出ると道はしっかりしていて安心　3 樹林に囲まれた湯槽谷山山頂　4 灰形山から妙見寺の立つ落葉山を見る。灰形山は山名を刻んだ石碑が立つのみで特筆すべきことはない

アップダウンがきつく、意外とハード

　有馬温泉街の南西にそびえる湯槽谷山、灰形山、落葉山を有馬三山と呼ぶ。有馬温泉街から落葉山の妙見堂が見えるので近く感じるが、湯槽谷山への登り下りがきつい。

アドバイス

湯槽谷は、経験者向け。特に2つ目の堰堤は、踏み跡が堰堤まで付くが、かなり手前で斜上しないと苦労する。わかりやすさでいえば、紅葉谷道を極楽茶屋まで登り、番匠屋畑尾根を下る方が体力はいるが無難。

　有馬温泉街を抜け、ロープウェー有馬温泉駅の横を通って紅葉谷道に入る。川を渡り、コンクリート道が終わったところが**湯槽谷出合**だ。最初の堰堤を越え次の堰堤はかなり手前から斜上して越える。谷に降り立つと、あとは踏み跡を見つけながら涸れ谷を遡っていく。最後にロープを利用して湯槽谷峠に登り着く。

　湯槽谷峠からはしばらく急登が続く。高尾山と湯槽谷山を結ぶ尾根に出たら、緩やかになった道を**湯槽谷山**へ。下りはしばらく緩やかだが、

1 落葉山西峰はベンチがあり、静かに過ごせる穴場だ。落葉山の分岐に手書きの道標がある **2** 妙見寺。説明版に愛宕山の麓から移築したとある。有馬の愛宕山だろう **3** 妙見寺下の展望所から温泉街を見下ろす

やがて急な木段の道が延々と続く。下りきって、登り返すと**灰形山**に着く。ここから落葉山との鞍部までは簡単な岩尾根がある。

落葉山への登りの途中、分岐があるので左折し、展望所のある落葉山北西峰、続いて南西の**西峰**に立つ。

分岐に戻り、**落葉山**に登る。三角点を過ぎるとすぐに妙見寺が立つ。階段を下りてすぐ右の建物の裏が展望所になっていて、有馬の温泉街を見下ろせる。西国三十三ヶ所巡礼の石仏を見ながら下り、温泉街に下り立ったら**有馬温泉駅**を目指す。

SUB COURSE

⑮ 船坂谷

上級
MAP ▶ P016

舟坂橋 ➡ 川上ノ滝 ➡ ドライブウェイ（船坂谷下り口） ──── 歩行時間 ◎2時間

1 川上ノ滝。この先、昔は途中に英語表記の混じる古い道標があったが今はない　**2** 上流でロープを使って尾根を越え隣の谷へ　**3** 川沿いは踏み跡が判然としない。赤テープを見つけてルートをつないでいく

ルートファインディングを楽しむ

　船坂谷は、途中の川上ノ滝が見どころの谷道だが、上流に行くにつれルートがわかりにくくなる。マーキングテープがついているが、見失わないようにたどろう。

　舟坂橋バス停からすぐに山の手に向かう道を登っていく。アカマツの大木を見てさらに進むとアスファルト道が終わり、川へ下るコンクリートの道に入る。未舗装路になった先が荒れており道がわかりにくい。右岸（向かって左）に渡るとしっかりした道になり、堰堤を2つ越える。しばらく川沿いを歩き川上ノ滝の前へ。この先増水で道が荒れており、踏み跡がわかりにくい。上流で登る谷が右へ右へと移り変わるので注意。谷を離れると案外すぐにドライブウェイに登り着く。

SUB COURSE

⑯ 蛇谷北山

初級
MAP ▶ P016

東おたふく山登山口バス停 → 土樋割峠 → 蛇谷北山 → 石の宝殿 − 歩行時間 ◎1時間20分

六甲最高峰・有馬・記念碑台周辺

1

2

3

1 ササが刈られた蛇谷北山の山頂。大阪湾が見える **2** 蛇谷林道土樋割峠の蛇谷北山登山口。道の反対側に東お多福山への登山口がある **3** 石の宝殿の鳥居。平安時代にはすでに祀られていたという。石の宝殿の石祠は江戸時代初期のもの

芦屋市の最高峰を訪ねる

　蛇谷北山(じゃたにきたやま)は目立たないピークだが芦屋市の最高峰だ。東お多福山と組み合わせたり、石の宝殿経由で最高峰に登ったり、船坂谷(ふなさか)からの下山路に利用したりできる。

　東おたふく山登山口バス停から東お多福山登山口方面へ。蛇谷林道に入ったら、登山口を横目に林道を登っていくと土樋割峠(どびわり)に着く。ここで林道と分かれ右へ。蛇谷北山へは尾根道を登っていく。ちょっとした岩場もある。山頂は小さな広場で南にわずかに展望がある。いったん下って登り返すと、白山姫観音(しらやま)のある広場に着く。白山ゆかりの菊理媛命(きくりひめのみこと)を祀る石の宝殿(六甲山神社)はすぐそこだ。ちなみに鳥居は「白山の宮」となっている。現在は麓の西宮市の廣田神社の末社である。

049

COLUMN 2
天下の名湯、有馬温泉

　今や六甲登山とは切り離せない存在の有馬温泉は、『日本書紀』にすでに名が見られる日本有数の古湯。栄枯盛衰を経ながら現代にいたるが、現在の繁栄をもたらしたのは太閤秀吉による大改修によるところが大きいという。

　有馬温泉を楽しむには温泉はもちろんだが、太閤の湯殿館や瑞宝寺公園などでその歴史に触れるのもよいだろう。また、個性豊かな泉源が7つあり、そこで湯煙に触れるのも温泉情緒を盛り上げる。鉄分と塩分を含んだ赤褐色の金泉と無色透明の銀泉が知られ、それぞれの日帰り温泉施設がある。多くの旅館でも、日帰り入浴を受け付ける。

　近年は真新しいカフェやみやげ物屋などが増え、食べ歩きしながらめぐるのも楽しい。炭酸せんべいは、定番中の定番。また、伝統工芸品には有馬籠や人形筆がある。

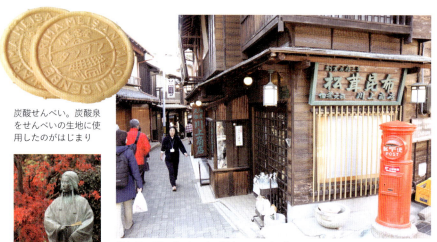
湯本坂の郵便ポストは有馬温泉のシンボル的風景

炭酸せんべい。炭酸泉をせんべいの生地に使用したのがはじまり

ねね橋のねね像

1 炭酸泉源公園の炭酸泉源。飲用の蛇口もあるが、おいしくはない　2 湯煙の上がる天神泉源　3 瑞宝寺公園の秀吉ゆかりの石の碁盤

金の湯
金泉に浸かれる公衆浴場。無料の足湯も隣接し、ハイカーの姿も多い。
8〜22時、第2・第4火曜休（祝日の場合翌日）と1月1日休、800円（平日650円）、☎078-904-0680

銀の湯
炭酸泉とラジウム泉のある銀泉に浸かれる公衆浴場。比較的空いている。
9〜21時、第1・第3火曜休（祝日の場合翌日）と1月1日休、700円（平日550円）、☎078-904-0256

太閤の湯殿館
秀吉が造った「湯山御殿」の遺構を発掘したままに展示する。蒸風呂も遺構の上に再現。
9〜17時、第2水曜休、200円、☎078-904-4304

切手文化博物館
国内の切手を中心に、国内外の最初の切手をはじめ、様々な切手を展示してその歴史を知る資料館。
10〜16時、火曜休（祝日の場合翌日）、800円、☎078-904-0024

六甲最高峰・有馬・記念碑台周辺

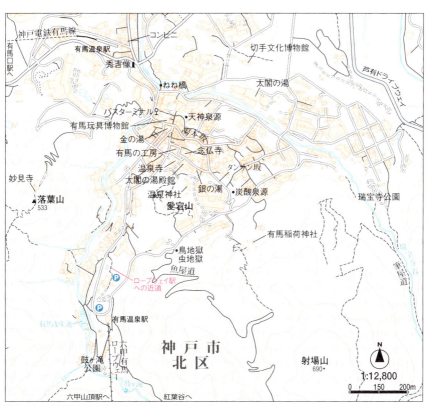

問合せ先＝有馬温泉観光総合案内所☎078-904-0708

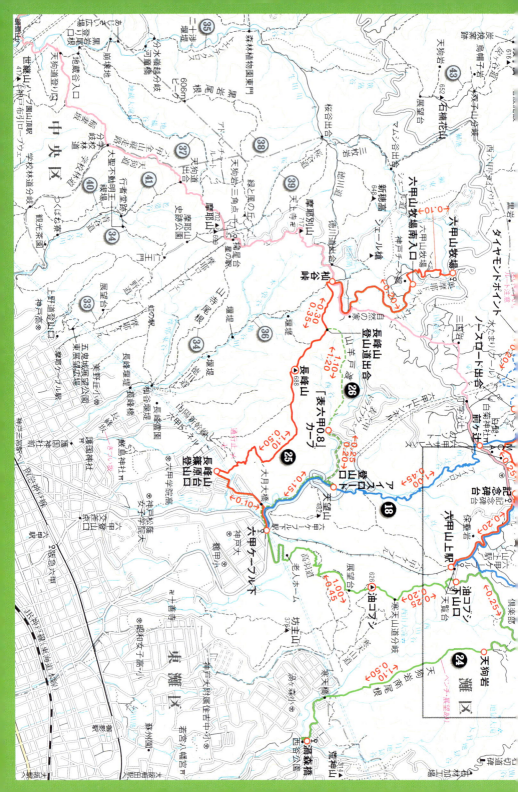

17 鬼ヶ島・逢ヶ山

中級
MAP ▶ P052

不思議な名前の山に巨木を訪ねて

六甲山のマザーツリー第2位のアカガシ。周辺にもアカガシが多い

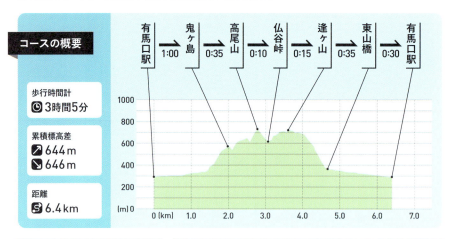

コースの概要

有馬口駅 →1:00→ 鬼ヶ島 →0:35→ 高尾山 →0:10→ 仏谷峠 →0:15→ 逢ヶ山 →0:35→ 東山橋 →0:30→ 有馬口駅

歩行時間計
⏱ 3時間5分

累積標高差
↗ 644m
↘ 646m

距離
🔁 6.4km

アクセス
往復＝神戸電鉄有馬線有馬口駅

問合せ先
神戸市森林整備事務所☎078-371-5937（登山道）
神戸市経済観光局観光企画課☎078-230-1120
神戸市総合インフォメーションセンター☎078-241-1050

1 水無川沿いに行くと深戸谷出合に「森づくり」の説明板がある。このまま深戸谷に入らないように 2 鬼ヶ島の狭い頂上。山頂を示すものは特にない 3 水無山付近から見た中華鍋を伏せたような逢ヶ山

六甲最高峰・有馬・記念碑台周辺

アリマウマノスズクサに出合う

　地形図に記載される「鬼ヶ島」は、古いガイドブックには名がない。当時は、水無谷や深戸谷を経て高尾山に登ったようだ。頂上近くに、六甲山のマザーツリー（2006年六甲山国立公園編入50周年記念として選定）第2位のアカガシの巨木がある。

　有馬口駅を出て東に向かい、踏切を渡ってなおも東へ。やがて住宅地に沿うように南に向きを変え、阪神高速手前のゲート横から水無川沿いの道に入る。川を渡る手前で左岸（上流から見て左）の踏み跡へ。ここが登山口で、しばらく歩くと尾根への取付がある。急登だが長くはない。傾斜が緩むとアカガシの大木が枝を広げている。少し下って登り返したところが**鬼ヶ島**の頂上だ。

　尾根通しに進み、岩尾根の水無山を越えて、急坂を登ると高尾山に着

アドバイス

鬼ヶ島への取付は、特に標識がない。水無川を渡る手前を直進すると覚えておこう。尾根に取り付いたらあとは迷わない。アリマウマノスズクサの花期は6月中旬ごろ。ジャコウアゲハの食草だ。

く。ここからは右へ、**仏谷峠**に下り、ササ分けの道を登り返す。傾斜がなくなった尾根を進むと**逢ヶ山**の三角点がある。下山はそのまま植林帯を直進、徐々に傾斜がきつくなり、つづら折りになる。このあたり、初夏ならアリマウマノスズクサの一風変わった花に出合える。道路に降り立ち右へすぐで**東山橋**がある。舗装路をそのまま下り、義経が一の谷合戦の戦勝を祈願したという山王神社を経て、**有馬口駅**へ戻る。

高尾山の頂上。湯槽谷山との分岐点

1 ササに覆われる仏谷峠。水無山の先で高尾山を迂回して深戸谷経由で峠に至ることもできる　2 逢ヶ山頂付近は平坦な植林帯　3 下り斜面で見つけたアリマウマノスズクサ。面長のミッキーマウスのような葉も特徴のひとつだ

18 アイスロード・シュラインロード

初級 | MAP ▶ P052

六甲最高峰・有馬・記念碑台周辺

居留外国人が名付けた古の道を歩く

アイスロード上部で神戸の市街地を見下ろす

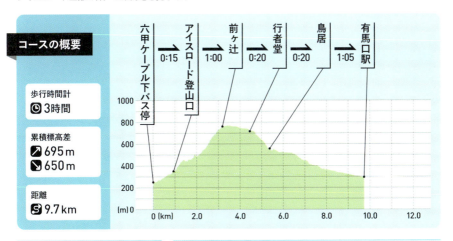

コースの概要

六甲ケーブル下バス停 →0:15→ アイスロード登山口 →1:00→ 前ヶ辻 →0:20→ 行者堂 →0:20→ 鳥居 →1:05→ 有馬口駅

- 歩行時間計：3時間
- 累積標高差：↗695m ↘650m
- 距離：9.7km

アクセス
行き＝阪急神戸線六甲駅（神戸市バス15分）六甲ケーブル下
帰り＝神戸電鉄有馬線有馬口駅

問合せ先
神戸市森林整備事務所☎078-371-5937（登山道）
神戸市経済観光局観光企画課☎078-230-1120
神戸市総合インフォメーションセンター☎078-241-1050

氷を運んだ道と祈りの道と

六甲山にはカタカナ道が多い。アイスロードは、明治期に、六甲山上の池にできた氷を麓に運んだ道で、シュラインロードは、通行者の安全を祈り、西国三十三ヶ所の観音石仏を祀った道。いずれも六甲を闊歩した居留外国人が付けた英語名だ。

アイスロードへは、**六甲ケーブル下**から表六甲ドライブウェイをたどる。交差点で横断歩道を渡って直進、ヘアピンカーブに**登山口**がある。

登山道に入り、橋を渡ってトンネルをくぐる。アイスロードは大八車で氷を運んだというが、とても大八車が通れない場所も。登りきると、**前ヶ辻**に出る。前ヶ辻には、六甲山

> **アドバイス**
> アイスロードまでのドライブウェイは歩道がないので車の往来に注意する。シュラインロードの鳥居の先の林道を左に行くと神鉄六甲駅に行くことができる。距離は短いが、ただし味気ない。

1 表六甲ドライブウェイ交差点のモニュメント。普段意識されないが六甲山は瀬戸内海国立公園　**2** アイスロードの広いところは、なるほど大八車が通れそうな幅　**3** アイスロードには沢を渡る箇所も　**4** 新しくなった白髭・白菊神社。以前は一段高い林にあった

1 32番観音正寺、31番長命寺の石仏は並んで置かれている　**2** 行者堂が建ったのは1804年という。シュラインロードはもともと唐櫃越と呼ばれた六甲越えの古道のひとつだ　**3** 石仏はドライブウェイに出るまで延々とある

六甲最高峰・有馬・記念碑台周辺

　の開祖、グルームゆかりの白髭・白菊神社もある。
　シュラインロードへはそのまま北へ道路を進む。すると33番から始まる石仏が現われる。唐櫃村の人々が設置したものだ。ノースロード分岐を過ぎると30番と、進むにつれ石仏は数字を減らす。登山道になり**行者堂**を過ぎて下るとドライブウェイに出る。1番から9番までは、ドライブウェイを左に行ったところにある。ドライブウェイを横切り、**鳥居**をくぐって逢山峡方面へ。林道と合流し右へ、道なりに進む。猪鼻小橋の真下に猪ノ鼻滝がある。あとは道路歩きで**有馬口駅**へ。

猪ノ鼻滝。逢山峡は、初級の沢登りの場所として人気がある

19 大池地獄谷

中級
MAP ▶P052

明るい谷を行く
アドベンチャーコース

落ち着いて通過すれば問題ないが濡れているので足場は悪い

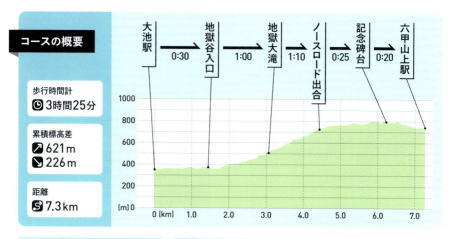

コースの概要

大池駅 →0:30→ 地獄谷入口 →1:00→ 地獄大滝 →1:10→ ノースロード出合 →0:25→ 記念碑台 →0:20→ 六甲山上駅

歩行時間計 3時間25分
累積標高差 ⬈621m ⬊226m
距離 7.3km

アクセス
行き＝神戸電鉄有馬線大池駅
帰り＝六甲山上駅（六甲ケーブル10分）六甲ケーブル下駅（神戸市バス15分）阪急神戸線六甲駅

問合せ先
神戸市森林整備事務所☎078-371-5937（登山道）
神戸市経済観光局観光企画課☎078-230-1120
神戸市総合インフォメーションセンター☎078-241-1050

＊六甲ケーブルは2025年1月6日〜2025年4月上旬運休。バス代行輸送あり（P006アクセスマップ参照）

1 20年以上前からある石楠花谷入口の古い案内図。そろそろ文字が読めなくなってきた。地獄谷入口はこの先にある **2** 通報プレート付きの道標 **3** 水晶谷第四砂防ダムは、水が溜まっていると少しやっかいな巻き道を通る **4** 地獄大滝。手前で登山道を外れ左に下る

六甲の谷歩きを満喫する

　大池地獄谷（おおいけじごく）は、以前は裏六甲地獄谷と呼ばれ、川の流れを感じながら谷歩きが楽しめるコースとして親しまれてきた。

　大池駅を出たら山の手へ坂道を行く。十字路で右にとり、道なりに進んでいくと下りになる。大きな道路に出たら左へ。少し坂を上って石楠花谷（しゃくなげ）への道を右に見送り、**地獄谷入口**へ。階段を下り、高速道路の下をくぐって谷を渡ると、登山道が上流に向かい延びている。しばらくは川から離れているが、やがて川沿いを歩くようになる。谷を左へ右へと渡りながら進むと、目の前に大きな水晶谷第四砂防ダムが現われる。ダムの左を登るが、水がなければそのままダムを越えられる。水がある

> **アドバイス**
> そもそも谷道で、何度も流れを横断するので、雨天時や雨後は入渓しないこと。また、冬は凍結の恐れがあるのでおすすめしない。あちこちにロープが設置されるが、古いものもあり、注意すること。

と高巻き道を利用しなければならない。ダムを越え沢渡りを楽しみながら遡っていく。**地獄大滝**は、登山道を少し外れたところにある。谷も終わりに近づくと、自然に水が溜まったプールに出くわす。昔はなかったプールで、今は地獄谷の難所のひとつ。プールは左に細い踏み跡をたどって越える。やがて谷は終わり**ノースロードに合流**する。

ノースロードを左にたどって記念

1・2 地獄谷は右へ左へと何度も徒渉する。そこが醍醐味だが、増水には注意 3 最後にできたプール。踏み跡を見つけて越えよう 4 ノースロードに出て左に行くとやがて道路に出てシュラインロードへ

碑台に向かう。シュラインロードに出たら右へ。**記念碑台**に着いたら、南に延びる道路を歩いてケーブル**六甲山上駅**へ向かう。

⑳ 石楠花谷

上級
MAP ▶ P052

石楠花谷入口 → 地獄谷西尾根出合 → ダイヤモンドポイント　　歩行時間 ⓒ 2時間

裏六甲の有名な谷道のひとつ

　石楠花谷(しゃくなげ)は古くからたどられてきた谷道。度重なる堰堤工事でやや姿を変え、ハイグレードなルートとなった。
　大池地獄谷(おおいけじごく)入口の手前で、右に派生する道路を下る。テニスクラブの敷地を抜けると谷にぶつかるので流れを渡り登山道に取り付く。しばらくは谷を離れた道を行く。途中で左に曲がるところがわかりにくいので注意すること。昔は谷沿いに名物のゴルジュ（両岸に岩が迫る場所）を経由したが、無理に通らないほうがいい。砂防ダムを越えながら遡っていくと、やがて谷の中を歩くようになる。水は少ないが、踏み跡がわかりにくく、ロープが張られた場所も多い。最後に左に地獄谷西尾根への登り口を見つけ、ダイヤモンドポイントへ。

1 マーキングテープを拾いながら谷を遡っていく。時折、いい渓相に出合う　**2** 上流に炭焼き窯跡がある。昔から生活の場だったことをうかがわせる　**3** 小さな段差をいくつも越えてゆく。なかにはロープが張られた難所もある

蓬莱峡近くの赤子谷を登る。
フィックスロープがある

赤子谷左俣のゴルジュ
は迫力満点だ

COLUMN 3
六甲の谷について

　六甲山の谷は、古くから登られてきた有名な場所が多い。「地獄谷」と呼ばれるものに、芦屋地獄谷、大池地獄谷（以前は裏六甲地獄谷と呼んだ）、大月地獄谷が知られている。いずれも、沢登り装備がなくても通過できるが、このうち大月地獄谷は、一般登山者が手軽に入る場所ではない。同じく、昔から知られた西山谷も、決して簡単な谷ではなく、過去に何度も死亡事故が起きている。

　インターネットでは、そういった危険な谷の情報もあふれている。一見手軽そうに思えても、危険な上にルートファインディング能力も必要だ。熟練者以外は、立ち入らないようにしたい。設置されているロープはありがたい存在だが、誰かが管理しているわけでもなく、切れない保証もない。本書で紹介している石楠花谷も、下部に見事なゴルジュ（両岸が岩で切り立った場所）があるが、一般ルートでは迂回するようになっている。

　一方で、沢登り装備と心得があれば、この石楠花谷や、逢山峡など、遊べる谷がいくつもある。

大月地獄谷の地獄大滝。フィックスロープで高巻く

通称「ホチキス」で堰堤を越える。六甲にはもっと越えにくい堰堤も多い

西山谷の西山大滝。西山谷は滑落事故が多く発生している

石楠花谷下部のゴルジュ。近年は沢登りをする場所となった

ただし六甲山は、昔からの水害が多く、どの谷も堰堤がいくつも作られていて、今も作り続けられている。この堰堤が、難所を増やしている上、昔はすんなり進めたものが進めなくなることもあり、注意が必要だ。

SUB COURSE

21 地獄谷西尾根

初級
MAP ▶ P052

地獄谷西尾根入口 → ダイヤモンドポイント → ノースロード出合 — 歩行時間 1時間40分

ダイヤモンドポイント。山上の道路が通じている

展望のダイヤモンドポイントへ

　地獄谷西尾根は、特に特徴があるわけではないが、よく歩かれている。周辺の登山の下山路として使う人も多い。大池地獄谷に入り、谷に下りるまでに道標がある。ひと登りすると尾根に出て、延々とダイヤモンドポイントを目指す。途中に水晶山と呼ばれるピークがあり「水晶山」と彫られた石が置かれている。水晶山からいったん下り、小ピークをひとつ越え、裏六甲の展望地、ダイヤモンドポイントに出る。

22 六甲アルプス

上級
MAP ▶ P052

地獄谷東尾根下り口 → 六甲アルプス → 神鉄六甲駅 ———— 歩行時間 2時間

スリリングな岩場が連続する

短いがたどりがいのあるミニアルプス

　昭和8年発刊の『六甲』(竹中靖一著)に「六甲アルプスと地獄谷」としてコース案内され、「アルプス」の名の初出は須磨アルプスより古い。
　シュラインロードの住宅横から地獄谷東尾根に入る。下りが落ち着き少し盛り上がったところが六甲アルプス分岐だ。岩稜は岩が脆いので踏み跡を外さないよう。岩稜が終わり、急降下すると、裏六甲ドライブウェイのカーブNo.37に出る。あとは道路を神鉄六甲駅へ。

SUB COURSE

23 古寺山

中級
MAP ▶ P052

神鉄六甲駅 ➡ 古寺山 ➡ シュラインロード鳥居　　　歩行時間 🕐 1時間30分

展望抜群の裏六甲のピーク

　古寺山は、近年はシュラインロードとセットで歩かれることの多い、裏六甲の小ピークだ。手製の道標が設置され、地元の人々が整備していたことがよくわかる。

　神鉄六甲駅から線路を渡ってすぐに左へ。突き当たりを右へ。池を越えたところの民家横の路地に入り、トンネルで高速道路をくぐると、登山口はすぐだ。ただしトンネルは「通行禁止」と表示があるのでここは池を越えて直進し、車に注意して道路を横断、右折して登山口へ。ひと登りで、「清盛の涼み岩」と「修行岩」がある山頂へ。西に展望岩があるので立ち寄ろう。

　山頂からそのまま南へ尾根通しに下っていくと、やがてシュラインロードとつながる林道に合流する。

1 山頂近くの展望岩から裏六甲の住宅街を見下ろす　**2** 古寺山山頂の修行岩。この付近に平清盛が保護した多聞寺があったという　**3** 道標に従ってシュラインロード方面に下る。そのままシュラインロードを登っていくのもよい

24 天狗岩南尾根・油コブシ

中級
MAP ▶ P052

急坂の先に待ち受ける ユニークな岩

大阪湾を一望する天狗岩の広場

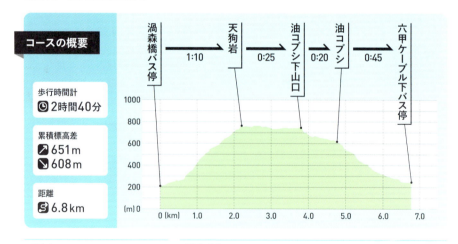

コースの概要

歩行時間計 ⏱ 2時間40分

累積標高差 ↗ 651m ↘ 608m

距離 🅢 6.8km

渦森橋バス停 →1:10→ 天狗岩 →0:25→ 油コブシ下山口 →0:20→ 油コブシ →0:45→ 六甲ケーブル下バス停

アクセス
行き＝JR神戸線住吉駅（神戸市バス10分）渦森橋
帰り＝六甲ケーブル下（神戸市バス15分）阪急神戸線六甲駅

問合せ先
神戸市森林整備事務所☎078-371-5937（登山道）
神戸市経済観光局観光企画課☎078-230-1120
神戸市総合インフォメーションセンター☎078-241-1050

1 西谷公園がスタート地点。ウォーミングアップの体操をするのにちょうどよい　2 整備されているとはいえ足元は悪い　3 南尾根途中で展望が開ける箇所がある。単調な登りのアクセントになる

天狗の顔に見えるだろうか。以前はこの顔と展望が同時に楽しめたのだが

大阪湾を見下ろす展望台へ

　天狗岩は、昔は近くにロープウェー駅があったくらいの名所だった。天狗岩を訪れ、ケーブル六甲山上駅近くから油コブシ経由の道を下る。

　渦森橋バス停下車。西谷公園正面の右上する坂道を登り、住宅街の縁に沿うように進む。登山道に入り寒天橋は渡らず直進すると、南尾根の登山口がある。登山道はのっけから急登だ。木段は古く朽ちている。登山道は緩んでは急になるの繰り返し。ベンチのある広場まで来たらあとひとがんばり。やがて傾斜が緩むと、快適な松林になり、**天狗岩**の広場に

アドバイス

天狗岩南尾根は急登の連続なので、ペース配分を考えよう。木階段が失われ鉄杭だけ残る場所もあるので、足元には気を付けてほしい。山上の道路は、交通量は少ないが、車には注意したい。

1 油コブシへは階段が終わるとしばらくは快適な尾根道が続く **2** 油コブシの三角点。昔、あまりの急登に油売りが油をこぼしたことから名づけられたという **3** 油コブシの展望台。葉が落ちた冬から早春のほうが展望はよい

着く。天狗岩は角度によってはまさに天狗に見える。木が育って以前よりわかりにくくなったのが残念だ。

天狗岩で展望を楽しんだら、先に進む。すぐに道路に出るので左へ。広い道路に出たらまた左へ。30分足らずで、山上駅手前の**油コブシへの下山口**に着く。

下り始めはうっそうとした階段道。下り終えると快適な尾根道となる。寒天山道(かんてんさんどう)との分岐を左に見送った先に、「ゆるい道」「きつい道」の分かれ道があるがどちらでもよい。やがて三角点のある**油コブシ**に着く。油コブシ下でベンチのある展望台を経て下ると、高羽道(たかねみち)に合流する。右にとると、老人ホームの横に出る。あとは**六甲ケーブル下バス停**を目指す。

> **もっと知りたい!**
>
> **夜景スポットの「天覧台」**
> 六甲山から眺める夜景は「1000万ドルの夜景」といわれる。何も大げさに表現したわけではなく、電気代を計算したらそのくらいだったらしい(今はもっと値上がりしているかも)。ケーブル六甲山上駅屋上の天覧台は、摩耶山の掬星台と並ぶ夜景スポット。夜景を楽しんでからケーブルで下るのもよい。ちなみに天覧台は昭和天皇が立ち寄ったことに因む名称だ。
>
>
> 神戸から大阪市街の1000万ドルの夜景

25 長峰山

中級
MAP ▶ P052

六甲・最高峰・有馬・記念碑台周辺

天狗塚と呼ぶ山頂から六甲山牧場へ

長峰山山頂。昔は天狗塚の呼び名がポピュラーだったようだ

コースの概要

六甲ケーブル下バス停 →0:10→ 長峰山篠原台登山口 →1:10→ 長峰山 →0:30→ 杣谷峠 →0:20→ 六甲山牧場南入口 →0:10→ 六甲山牧場バス停

- 歩行時間計 2時間20分
- 累積標高差 ↗705m ↘277m
- 距離 5.8km

アクセス
行き＝阪急神戸線六甲駅（神戸市バス15分）六甲ケーブル下
帰り＝六甲山牧場（六甲摩耶スカイシャトルバス12分）六甲山上駅（六甲ケーブル10分）六甲ケーブル下（神戸市バス15分）阪急神戸線六甲駅

問合せ先
神戸市森林整備事務所☎078-371-5937（登山道）
神戸市経済観光局観光企画課☎078-230-1120
神戸市総合インフォメーションセンター☎078-241-1050

＊六甲ケーブルは2025年1月6日〜2025年4月上旬運休。バス代行輸送あり（P006アクセスマップ参照）

1 住宅地奥に口を開けた篠原台登山口。登り始めるとやがて新しい堰堤をひとつ越える **2** 旧道との合流地点。通せんぼされた以前の山裾の道が向こうに見える **3** 初夏なら登山道脇にコアジサイが咲いている **4** 心地よい照葉樹林を登っていく

登山の歴史が古い長峰山山頂

　長峰(ながみね)山は、山頂に岩があり、古くから天狗塚と呼ばれた。以前は阪急六甲駅から伯母野(おばの)山住宅を経て登るのが通例だったが、今は山裾の登山道が私有地のために通れなくなった。代わりに六甲ケーブル下駅近くの篠原台から登る道がある。ここでは長峰山に登り、六甲山牧場に立ち寄るプランを紹介してみたい。

　六甲ケーブル下でバスを降り、表六甲ドライブウェイ（アイスロード方面）を少し歩き、左に派生する住宅地へと延びる大月大橋を渡る。道なりに行くと公園があり、再び橋を

アドバイス

長峰山へは、登山口さえわかれば登山道は特に問題はない。篠原台登山口も今はポピュラーだ。登り始めが少し荒れている。六甲山牧場南入口までの道路は車の往来に注意しよう。

1 整備された長峰山への登山道 **2** トイレのある杣谷峠 **3** 神戸市立六甲山牧場。9〜17時（最終入場16時30分）、火曜休（冬季休業あり）、600円（12〜2月400円）。ヒツジのほかウシやウマ、ウサギなどもいる **4** レストラン神戸チーズのチーズフォンデュ。カマンベールチーズもおみやげに人気

渡って右へ。道が直角に折れて高台の道を進むと、右手に階段が現われる。ここが**登山口**だ。道はあまりよくないが、しっかりした踏み跡を登っていくと、山裾の通行止になった箇所に出てくる。あとはよく整備された以前からの道を登っていく。**長峰山**頂上は岩頭になっていて、明治期の居留外国人は、仲間のドクター・ソーンクラフトの顔に似ていたので「ドクターズ・ノブ（ノブは鼻）」と呼んでよく足を延ばした。

長峰山から**杣谷峠**に下り、ドライブウェイを歩いて六甲山牧場を目指そう。朝早いうちから長峰山に登れば、昼頃に**六甲山牧場南入口**に着く。牧場のランチを楽しむのもオツ。帰りは**六甲山牧場バス停**へ。

六甲最高峰・有馬・記念碑台周辺

SUB COURSE

㉖ 山羊戸渡

上級
MAP ▶ P052

六甲ケーブル下バス停 → 山羊戸渡 → 長峰山登山道出合 ── 歩行時間 ◎2時間

1 山羊戸渡の核心部の岩尾根。切り立っているので見るだけが無難　**2** 岩尾根を手足を使いながら登っていく　**3** 核心部の先でササに囲まれたら岩尾根は終わり、自然の家のオリエンテーリングコースに出る。尾根伝いにそのまま進むと長峰山からの登山道に出合う

地形図に記載される岩尾根

　地形図上で長峰山の北に「山羊戸渡」という地名が記載される。短い岩稜で、今は一般ルートとして扱われていないが、昭和12年発行の『六甲北摂 ハイカーの小径』(木藤精一郎著)には「引率者さえよければ婦人や小児でも至難ではあるまい」と紹介されている。居留外国人も「ゴート・リッジ」として親しんだ。今は忘れられた名所のひとつだ。

　六甲ケーブル下から表六甲ドライブウェイを登っていく。「表六甲0.8」と表示のある広場から谷に入る。少し遡ると、すぐに山羊戸渡へ尾根の末端に着く。急な岩尾根を、時折手も使いつつ登る。途中で展望が明ける場所もある。登りが終わると、細い岩尾根を小さくアップダウンしながら進む。核心部分の岩は、巻き道がある。岩上に行くなら巻いてからにしよう。自然の家オリエンテーリングコースに出てそのまま進むと長峰山の登山道に出合う。

27 六甲山上めぐり

中級
MAP ▶ P052

六甲最高峰・有馬・記念碑台周辺

六甲観光の歴史と文化を楽しむ

六甲ガーデンテラスの展望塔から大阪湾を見下ろす

コースの概要

- 歩行時間計 ⏱ 2時間40分
- 累積標高差 ↗ 342m ↘ 342m
- 距離 S 6.7km

六甲山上駅 →0:25→ 神戸ゴルフ倶楽部クラブハウス →0:25→ 六甲ガーデンテラス →0:35→ 六甲比命神社 →0:30→ ROKKO森の音ミュージアム →0:25→ 記念碑台 →0:20→ 六甲山上駅

アクセス
往復＝阪急神戸線六甲駅（神戸市バス15分）六甲ケーブル下（六甲ケーブル10分）六甲山上駅

問合せ先
神戸市経済観光局観光企画課 ☎078-230-1120
神戸市総合インフォメーションセンター ☎078-241-1050

＊六甲ケーブルは2025年1月6日〜2025年4月上旬運休。バス代行輸送あり（P006アクセスマップ参照）

075

1 六甲ケーブルは7時10分〜21時10分の営業。六甲山上の住人の足でもある　2 全山縦走路はゴルフ場を抜けていく　3 神聖な岩めぐりの道へ　4 飛鳥時代、インドから来た法道上人がここで修行中、毘沙門天が紫雲に乗って現われたと伝わる雲ヶ岩

山上の施設めぐりと信仰の岩めぐり

　六甲ケーブルから六甲有馬ロープウェーにかけては、レジャーでは「六甲」エリアと呼ばれる。戦前から開発されたエリアで、摩耶エリアと並ぶ観光の場だ。一方で、巨岩を信仰する神聖な場所も共存する不思議な場所でもある。

　ケーブル**六甲山上駅**を出て、左へ。駐車場のある角を右折し、三叉路でゴルフ場方面へのコンクリート道に入る。道標に従うと**クラブハウス**横を通り六甲全山縦走路に出る。右にとり、ゴルフ場を抜けると道路に出る。直進すると、みよし観音を経て展望台「六甲枝垂れ」やカフェなどのある**六甲ガーデンテラス**だ。左に行くと、六甲高山植物園の東入口。東入口を通り過ぎて右の坂を上る。アスレチックパーク手前、いくつかの山荘を案内する看板のある道に入

> **アドバイス**
> 六甲比命神社周辺は神域なので、そのつもりで歩こう。各施設を訪れるなら時間配分を考えて。レストランやカフェを併設した施設が多いので、昼食場所に困ることはない。六甲高山植物園は冬季は休園する。

1 山中に突然姿を現わす六甲比命神社拝殿。御朱印なども受け付ける **2** 圧倒される大きさの兎岩。六甲比命大善神の磐座だ **3** 心経岩には般若心経が刻まれる。法道上人開創の多聞寺の奥の院があったとされる場所 **4** 瓢箪池にスイレンが咲く。7月頃

ると、やがて登山道になる。仰臥岩、次に雲ヶ岩を見て下っていくと**六甲比命神社**がある。続いて心経岩を見て下りきると広場に出る。左手の少し荒れた道をたどろう。やがて道路に出て道なりに行くと、山上道路に出る。**ROKKO森の音ミュージアム**駐車場に行きその奥からブナの道をひと登りする。舗装路になってゴルフ場を横目に進むとヴォーリズ六甲山荘、さらに進み**記念碑台**を経てケーブル**六甲山上駅**へ戻る。

見どころいっぱい 六甲山上めぐり

六甲ケーブル 六甲山上駅
昭和7年（1932）の六甲ケーブル開通時から残る建築物。経産省近代化産業遺産に認定。

自然体感展望台 六甲枝垂れ
昭和時代、六甲山の観光のシンボルだった「回る十国展望台」跡地に立った展望台。現在の六甲ガーデンテラスは当時凌雲台と呼んだ。営業10～21時（季節・曜日・天候により異なる）、木曜・1/1休（臨時休業あり）、大人1000円、☎078-894-2281（六甲ガーデンテラス）

神戸ゴルフ倶楽部六甲山ゴルフ場
明治34年（1901）に、英国人アーサー・ヘスケス・グルームらによって最初の4ホールが完成した日本最古のゴルフ場。クラブハウスは建築家ヴォーリズの設計。

みよし観音
昭和39年（1964）の航空機墜落事故で乗客を救うために殉職した客室乗務員を偲び建てられた。吉永小百合が寄せた「みよし観音賛歌」や石原慎太郎の一文を刻んだ石碑がある。

六甲高山植物園

昭和8年（1933）に開園した歴史ある植物園。牧野富太郎が何度も来園し講話などを行なった。冷涼な気候を生かし、高山植物をはじめとした四季折々の花を栽培する。営業3月中旬～11月下旬、定休日あり。詳細はHPを確認。10～17時、900円、☎078-891-1247

東入口にある山小屋カフェ エーデルワイスのカレー。園外にある

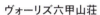

ヴォーリズ六甲山荘

明治末から昭和初期に活躍した米人建築家、ヴォーリズの設計の関西学院大学教授小寺敬一の元別荘。昭和9年（1934）築。国登録有形文化財、近代化産業遺産。4～11月中旬の土日祝に公開（臨時休館あり）、11～16時、500円、☎0798-65-4303（アメニティ2000協会）

記念碑台にある六甲山開祖、グルーム胸像。山荘は三国池近くにあった

ROKKO森の音ミュージアム

アンティーク・オルゴールなど自動演奏楽器の展示・演奏を行なう博物館。四季折々の植物と風景が楽しめる「SIKIガーデン～音の散策路～」や「森のCafé」も併設。木曜休（祝日は営業）※夏休みから秋イベント期間の木曜は営業・年末年始休、10～17時、1500円、☎078-891-1284

六甲山ビジターセンター

記念碑台にあり、六甲の自然や文化に関する展示を行なう。4～11月は月曜休（祝日の場合翌日）、10～15時（土日祝は～16時）、12～3月は金土日祝のみ開館（年末年始休）、10～15時、無休、☎078-891-0616

六甲最高峰・有馬・記念碑台周辺

COLUMN 4
六甲で見つかった花

幕末、ドイツの博物学者シーボルトが欧州に紹介し、長く存在が不明だった花が昭和34年（1959）に六甲で見つかった。それが、ヤマアジサイの変種、シチダンカだ。シーボルトの『日本植物誌（フローラ・ヤポニカ）』に植物画が掲載されていたものだ。六甲山で発見された。飾り花が八重咲にな

シーボルト肖像（国立国会図書館ウェブサイトより）

飾り花が八重咲になるシチダンカの花。神戸市立森林植物園にて

るのが特徴だ（シーボルトが紹介したものと完全に同種ではないという説もある）。神戸市立森林植物園や六甲高山植物園で見ることができる。

また、6月中旬から7月にかけて六甲山上ではあちこちでアジサイが見られる。そのほとんどは西洋アジサイの植栽だが、今や六甲山の花といえる存在だ。ちなみに西洋アジサイは日本のガクアジサイを改良したものの逆輸入で、日本原産の植物である。

森林植物園は六甲山きってのアジサイの名所。六甲高山植物園もおすすめ

東六甲

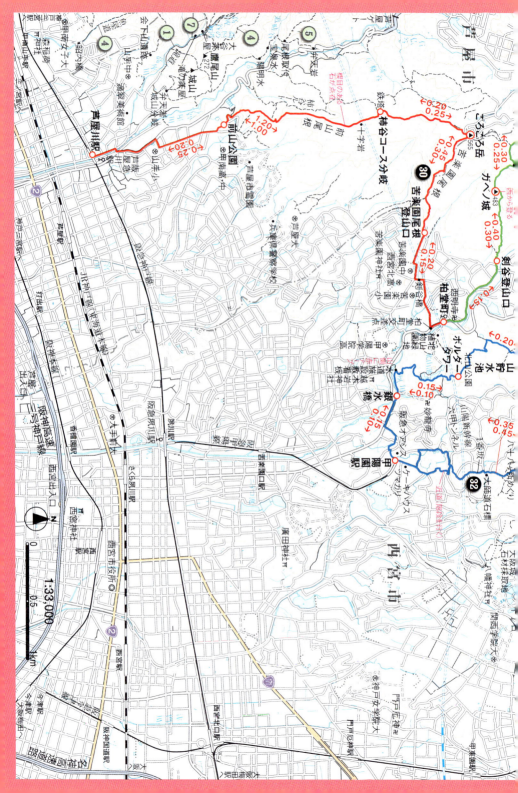

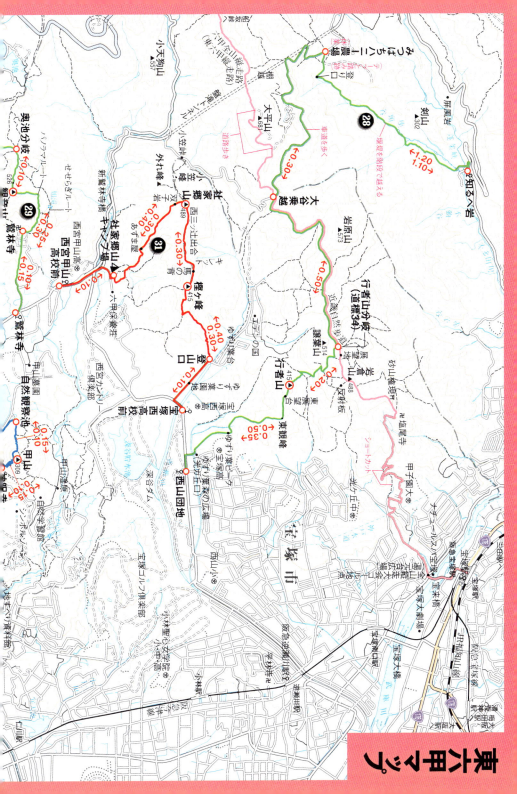

28 蓬莱峡・行者山

中級
MAP ▶ P082

荒涼とした谷を抜け、展望の岩峰へ

荒涼とした地形は、多くのドラマや映画のロケ地ともなってきた

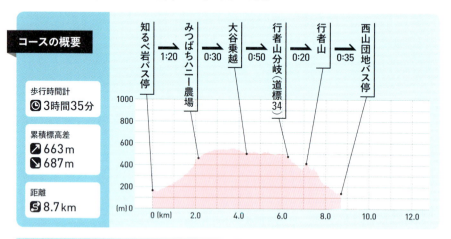

コースの概要

- 歩行時間計 ◯3時間35分
- 累積標高差 ↗663m ↘687m
- 距離 8.7km

知るべ岩バス停 →1:20→ みつばちハニー農場 →0:30→ 大谷乗越 →0:50→ 行者山分岐(道標34) →0:20→ 行者山 →0:35→ 西山団地バス停

アクセス
行き＝JR宝塚線・阪急宝塚線宝塚駅(阪急バス12分)知るべ岩 ※午前中の便は土日祝のみ(冬季はなし) ※JR生瀬駅から徒歩40分
帰り＝西山団地(阪急バス10分)阪急今津線逆瀬川駅

問合せ先
西宮市商工課☎0798-35-3071
宝塚市観光にぎわい課☎0797-77-2012

1 バス停の名前になっている知るべ岩。バス停すぐ近くの斜面を降りたところにある。ありま道と刻まれた文字は太閤秀吉によるものとも伝わる 2 万里の長城に例えられる橋がスタート地点となっている 3 堰堤を岩溝で越えていく場所もある 4 大谷乗越で全山縦走路と合流する

東六甲

かつては六甲を代表する景勝地

　有馬街道沿いにある蓬莱峡（ほうらいきょう）は、昭和の頃にはキャンプ地としてにぎわったようだが今はその面影はない。広い荒涼とした風景は、映画やドラマのロケ地としても利用され、黒沢明の『隠し砦の三悪人』がここで撮影されたことは有名だ。今は一部のハイカーと、岩登りの練習場として知られる大屏風・小屏風にクライマーが訪れる。

　スタートは**知るべ岩バス停**。すぐ先に「万里の長城」とあだ名のついた砂防の橋がある。橋を渡って上流へ。まっすぐ進んで、堰堤を階段で越えると、座頭谷（ざとうたに）の河原に出る。座頭谷は、昔に谷に迷い込んで死んだ座頭を偲んで名付けられたという。

　荒涼とした河原を進む。両岸の風化した花崗岩の針の山のような風景に目を奪われる。座頭谷が終わりに近づくと、マーキングやケルンがあ

アドバイス
蓬莱峡の座頭谷上部で河原に合流するまでは、河原に出る分岐が多いが行きづまる。階段のある堰堤を越えるまでは直進を心掛ける。その後、堰堤をいくつか越えるには多少ルートファインディングが必要。

1 東六甲縦走路の譲葉山を越えたあたりに展望地がある。反射板が立つのが岩倉山。反射板経由で下っても行者山に行ける　2 行者山の少し先にある東展望台から見下ろした東観峰

るので、斜面に取り付きひと登りして、**みつばちハニー農園**（休業）横で道路に出る。西に最高峰方面に向かうなら、道路を左に進んだ先の棚越への登山道に入るが、ここでは行者山に向かうので、**大谷乗越**まで道路を歩いて六甲全山縦走路に合流し、左（東）へ向かう。縦走路を岩倉山近くまで来たら、**行者山分岐の道標34**から右に下っていく。岩倉山まで登って反射板を経由してもよい。

谷間に下り着くと、行者山の詳しい地図入りの案内板があるので、それに従い行者山山頂へ。案内板は要所要所に立てられている。**行者山**山頂は林間の小広場で、ゆっくりくつろぐなら東観峰まで行くとよい。

下山は、案内板の「ゆずり葉ピーク」を経由し、ゆずり葉森の広場に下ると、**西山団地バス停**は近い。

東六甲

1 東観峰へは東展望台からいったん下り、登り返していく　2 東観峰は岩が露出したピークで展望もよい。ゆっくりしたい場所だ　3 ゆずり葉ピークを経由しゆずり葉森の広場に下る（光ガ丘口）。行者山は地図の案内板がいたるところにある

もっと知りたい！

六甲山のバッドランド

六甲山は断層が多いといわれる。瀬戸内海側で市街地からいきなり急斜面になるのも断層があるからだ。六甲山の北側の有馬街道も六甲断層に沿う。その断層の活動が花崗岩を粉々にする断層破砕帯を形成したという。そして脆い花崗岩の上に載った河原の硬い石が浸食作用で残り、土柱のような地形を造ったとされる。このような地形をバッドランドと呼ぶ。蓬莱峡、ことに座頭谷の岩は脆く登るのは危険だ。

1 針のような土柱も見られる蓬莱峡。岩は脆くすぐに崩れてしまう　2 船坂有馬間の白水峡も、バッドランドと呼ばれる地形で有名だ

29 ガベノ城・観音山

中級
MAP ▶ P082

気になる名の小ピークと
砂山高原の展望ピーク

観音山から西宮市街を見下ろす。甲山（中央左）が愛らしい

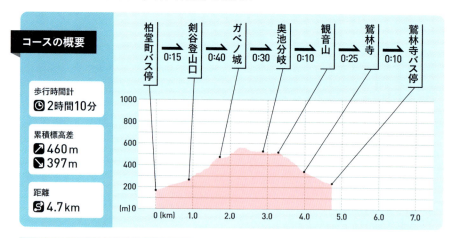

コースの概要

柏堂町バス停 →0:15→ 剣谷登山口 →0:40→ ガベノ城 →0:30→ 奥池分岐 →0:10→ 観音山 →0:25→ 鷲林寺 →0:10→ 鷲林寺バス停

歩行時間計 ◎ 2時間10分
累積標高差 ↗460m ↘397m
距離 S 4.7km

アクセス
行き＝阪急神戸線夙川駅（阪急バス12分）柏堂町 ※JRさくら夙川駅、JR西宮駅からの便あり
帰り＝鷲林寺（阪急バス15分）夙川駅 ※さくら夙川駅、西宮駅への便あり

問合せ先
西宮市商工課☎0798-35-3071

丘陵歩きで展望を楽しむ

　ごろごろ岳から観音山にかけての山塊を砂山高原と呼ぶ。名前のもとになった砂山は観音山の西側にあったようだが、判然としない。ガベノ城はその高原の手前にあるピークで「城」と付くが、山城があったという記録はない。竹中靖一著『六甲』(昭和8年)では単に「ガベ」と記している。木藤精一郎著『六甲北摂 ハイカーの径』(昭和12年)にはガベノ城と記載され「岩塊に造られたその山容と、頂上よりの展望が非常によい」としているから、今のように樹木に覆われておらず、岩の城のよう

アドバイス

主稜線に上がるとごろごろ岳はすぐなので立ち寄ってもいい。鷲林寺のトイレが、ハイカーのマナーの悪さから最近撤去された。ハイカーの心ない行為で地元の好意が水泡に帰すのはあまりに悲しい。

1 住宅地奥にある剣谷登山口の階段　**2** 雨で掘り込まれた箇所もある登山道。高原全体でこのような風化花崗岩の地質が見られる　**3** ガベノ城山頂近くには石垣が見られる　**4** 小広場のガベノ城山頂。展望はあるものの今一つ

089

に見えたのかもしれない。

柏堂町バス停から北へ。西明寺前の道に入り道なりに住宅地を登っていくと、剣谷登山口に着く。登山道はところどころ展望が開けている。ガベノ城へはいったん北に回り込み西から登る。周辺に石垣があるが古いものではないようだ。山頂はわずかに大阪市街が見える程度。もう少し進んだ先、ひとつ北の尾根に登り着いたところに絶好の展望地がある。

観音山へは、ごろごろ岳の北の尾根をたどって奥池との分岐を右へ。526の最高点を越えたところが観音山頂上で、展望は抜群だ。

下山はパノラマコースを選んで鷲林寺に下る。鷲林寺から参道を下っていくと、鷲林寺バス停に着く。

1 ガベノ城から尾根を乗り換えたところの展望地　2 奥池分岐あたりから観音山の最高点を見る　3 鷲林寺は紅葉の名所。弘法大師開基とされ、本尊は大師が彫ったと伝わる十一面観音。古くは観音堂とも呼ばれ観音山の名はそれに因む。山号は六甲山

30 ごろごろ岳

中級
MAP ▶ P082

東六甲

大阪城ゆかりの石切り場を訪ねる

展望のある十字岩。この下にも巨岩がある

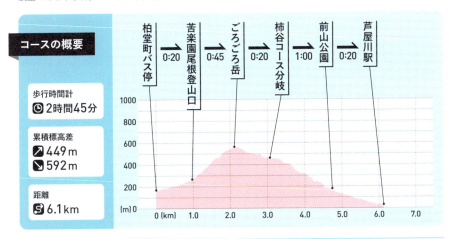

コースの概要

柏堂町バス停 →0:20→ 苦楽園尾根登山口 →0:45→ ごろごろ岳 →0:20→ 柿谷コース分岐 →1:00→ 前山公園 →0:20→ 芦屋川駅

- 歩行時間計 2時間45分
- 累積標高差 ↗449m ↘592m
- 距離 6.1km

アクセス
行き＝阪急神戸線夙川駅（阪急バス12分）柏堂町 ※JRさくら夙川駅、JR西宮駅からの便あり
帰り＝阪急神戸線芦屋川駅

問合せ先
西宮市商工課☎0798-35-3071
芦屋市市民生活部環境・経済室地域経済振興課☎0797-38-2033

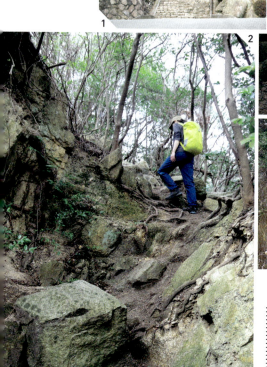

1 苦楽園登山口はこの階段手前の左の階段を登る。直進でも行けないことはないが、やや藪　2 苦楽園尾根は、難所はないが岩がゴロゴロしている　3 ごろごろ岳山頂。今はすぐ裏に住宅のフェンスが迫る。山頂の魅力は今一つ　4 前山尾根の柿谷コースの分岐。送電線鉄塔が立っている

アドバイス

苦楽園尾根の登山口がややわかりにくいが、尾根に取り付いてしまえば迷わない。前山尾根は道標もしっかりしている。**矢穴と呼ぶ楔跡のある岩**は、探し始めると道迷いしかねない。**登山道脇で楽しもう**。

ユニークな名前の由来は標高

　ごろごろ岳は、古くは剣谷山（けんたに）、あるいは単に剣谷とも言ったという。近代になって標高が565.6mとわかったことから登山者が「ごろごろ岳」と呼び始めたようだ。ゴロゴロをもじり雷嶽という呼び名もあった。今はごろごろ岳が定着しているが、再測量で標高は565.3mである。

　登山道はいくつもあるが、ここでは苦楽園尾根（くらくえん）を登り、前山尾根（まえやま）を下るコースを紹介する。**柏堂町バス停**（かやんどうちょう）南の柏堂町交差点から西へ向かい、剣谷橋を渡る。苦楽園中学の横を通って**苦楽園尾根登山口**へ。登山道へは道路奥の広い階段の手前、左の石段を登る。岩を縫うように登り、登

1 矢穴（楔跡）のある岩が次から次へと現われる。最近はひとつひとつに名前を付けているようだ **2** 十字岩と名付けられた巨岩は、登山道から少しそれるが踏み跡でわかる。休憩にいい場所 **3** 前山尾根は道標もしっかりしている **4** 下山地の前山公園。公園内の階段を下って住宅地へ

り着いたところが**ごろごろ岳**山頂だ。山名の石碑は真新しいのに、標高が565.6mのままなのがおもしろい。

　下山に使う前山尾根へは南へ。鉄塔の立つ**柿谷コース分岐**手前あたりから、人為的に割った巨岩が現われる。分岐を過ぎると楔跡のある岩が次々に登場。徳川時代、大阪城を再建する際の「徳川大坂城東六甲採石場」といわれ、その跡は東六甲の広い範囲に及ぶ。甲山森林公園の採石場は国指定史跡となっている。分岐の先、十字岩と呼ぶ岩の上が展望もあり休憩によい。岩を見つつ尾根を下っていくと、**前山公園**に降り立つ。あとは市街地を下って**芦屋川駅**へ。

31 樫ヶ峰・社家郷山

中級
MAP ▶ P082

手軽にアルペン気分を味わえる山塊

主稜線に出ると甲山を背に登る

コースの概要

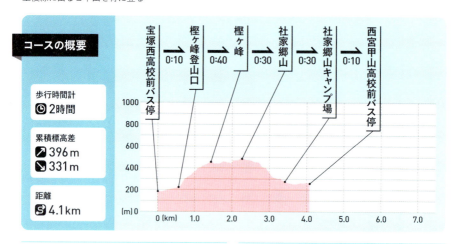

宝塚西高校前バス停 →0:10→ 樫ヶ峰登山口 →0:40→ 樫ヶ峰 →0:30→ 社家郷山 →0:30→ 社家郷山キャンプ場 →0:10→ 西宮甲山高校前バス停

- 歩行時間計 ◯2時間
- 累積標高差 ⬈396m ⬊331m
- 距離 4.1km

アクセス
行き＝阪急今津線逆瀬川駅（阪急バス10分）宝塚西高校前
帰り＝西宮甲山高校前（さくらやまなみバス16分）阪急神戸線夙川駅 ※JRさくら夙川駅へもバス便あり

問合せ先
宝塚市観光にぎわい課☎0797-77-2012
西宮市商工課☎0798-35-3071

1 ゆずり葉園地を通っていく 2 橋を渡る手前から登山道へ入っていくとすぐに登りとなる 3 尾根道を樫ヶ峰へ。正面の森が樫ヶ峰で、山頂は樹林の中だ 4 樫ヶ峰山頂。この先の足元に「社家郷山」の石碑が立つ

東六甲

展望のよい岩稜歩きを楽しむ

　宝塚市にある樫ヶ峰の山塊は、標高こそ低いが、登ってみると展望のよい岩稜が続き、小粒ながらピリリとアルペン的な風景がアクセントを添えている。やせ尾根が四方に延び、丸一日あちこちの岩稜を登り下りするマニアックな楽しみ方をする上級者もいる。ここでは一般登山者が楽しめる安全なコースを紹介しよう。

　宝塚西高校前でバスを降り、逆瀬川沿いのゆずり葉園地に向かう。園地のモニュメントでは逆瀬川の砂防について解説している。園地を抜け

アドバイス
尾根という尾根に踏み跡があるが、脆く急峻なところもあり、紹介ルート以外は初心者にはおすすめしない。しいて言えば社家郷山を過ぎて小笠峰から北西の尾根で小笠峠に下るルートは比較的安全だ。

て道路を歩き、橋を渡る手前のガードレールの切れ目が**登山口**だ。

登山口の先で登りになる。送電線鉄塔を過ぎ主尾根に出ると、展望が開ける。展望を背に登り林間に入ると**樫ヶ峰**山頂だ。近くに「社家郷山」の石碑がある。現在は西にある489mのピークを社家郷山と呼ぶが、この山塊全体を社家郷山とするのが正しいようで、環境省の「重要里地里山」では、一帯を社家郷山として選定している。

樫ヶ峰を過ぎると、馬の背を歩くようになる。現在、**社家郷山**の山名札が下がる西三ッ辻出合から、社家郷山キャンプ場に向けて下る。下り始めてすぐに双子岩がある。あずま屋まで下るとキャンプ場は近い。**キャンプ場**に下ったら、**西宮甲山高校前バス停**まで道路歩きだ。

1 馬の背と呼ばれる尾根。灌木に囲まれた快適な尾根道だ **2** 西三ッ辻出合に、社家郷山の札が下がっている **3** 愛らしく並んだ双子岩。まだまだ尾根は続き、あずま屋からは急降下してキャンプ場へ。キャンプ場裏の森は道が交差し少しわかりにくいところがある

32 北山公園・甲山

初級
MAP ▶ P082

ボルダリングの聖地と
ファミリー登山の山

東六甲

北山公園はボルダリングで有名。左のボルダータワーと呼ぶ大岩はその象徴だ。太陽石ともいう

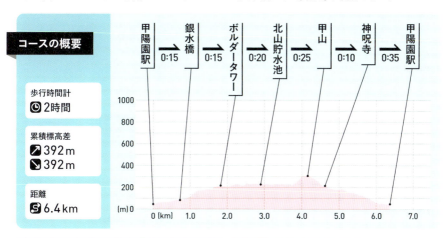

甲陽園駅 →0:15→ 銀水橋 →0:15→ ボルダータワー →0:20→ 北山貯水池 →0:25→ 甲山 →0:10→ 神呪寺 →0:35→ 甲陽園駅

コースの概要

歩行時間計
🕐 2時間

累積標高差
⬈ 392m
⬊ 392m

距離
📏 6.4km

アクセス
往復＝阪急甲陽線甲陽園駅

問合せ先
西宮市商工課☎0798-35-3071

1 銀水橋から川沿いの道を行く。公園内部へは「水道施設敷」看板付近の赤テープが目印　2 北山貯水池と甲山。貯水池周辺は公園として整備され、春の桜も楽しみのひとつ　3 甲山森林公園自然観察池と甲山。甲山北麓には湿地もあり、夏にはサギソウなども咲く

神奈備の山は西宮のシンボル

　阪急電車の車窓からでもひと目でわかる甲山（かぶとやま）。明治時代、神戸の居留外国人たちも、プロイセン宰相ビスマルクの鉄兜を連想しビスマルク山と呼んだ。作家の田山花袋（たやまかたい）は『温泉めぐり』で、有馬温泉からの六甲越えの際に「例のビスマルク山と呼ばれた甲山が黒く小さく下に見えるのも面白かった」と書く。この呼び名も広く知れ渡っていたようだ。名の由来として記紀の時代に活躍した神功皇后（じんぐう）が兜を埋めたからという説もある（六甲には皇后にまつわる伝説がいくつかある）。甲山一帯は、甲

アドバイス

北山公園内には多くのハイキング道が整備されている。方角を確かめながら進もう。仁川駅から甲山森林公園経由で登ってもよいが、こちらの公園も園内の道が複雑だ。この道程には甲山大師への丁石がある。

1 自然観察池から登山道を登っていく。山頂までは15〜20分ほど 2 甲山山頂の三角点 3 広々とした甲山の山頂。まるで野球のグラウンドのよう 4 神呪寺への下山路はコンクリートの階段が続く。サッサと下れば神呪寺まで10分くらい

山森林公園が整備され、ファミリーでも手軽に登れる分、甲山だけでは物足りない。南にある北山公園と組み合わせてみよう。

　甲陽園駅(こうようえん)から阪急オアシス横の坂を登り、市街地を抜け北山公園入口の**銀水橋**を目指す。橋の袂から川沿いに進み「水道施設敷」看板で右に入る。2つ目の池の先から登っていくと**ボルダータワー**（太陽石）に着く。

公園内の北山貯水池への道を歩き、公園を出ると**貯水池**がある。目の前に甲山がそびえている。甲山の山裾を左に行くと、自然観察池と登山口

1 神呪寺。山号は甲山。「神の寺」が「かんのうじ」に転化したとホームページにある。神呪は辞書によると「神秘な呪文。陀羅尼」 2 神呪寺の展望台から阪神間の町並みを見下ろす 3 甲山森林公園のシンボルゾーンから見上げる甲山

がある。甲山頂上まで20分とかからない。甲山頂上は運動場のように広いが、展望は一切ない。平和塔前から神呪寺に下ると、展望台がある。神呪寺は平安時代開基の古刹で、古くから甲山大師として親しまれてきた寺院だ。ちなみに山頂からは、弥生時代の祭祀用と思われる銅戈が見つかっていて、甲山は、昔から信仰の対象となっていたことがうかがえる。

甲陽園駅へは山門に下り、直進して小さな峠を越える。突き当たって右、次の角を左に行くと甲陽園駅への下り道となる。

もっと知りたい！

甲山八十八ヶ所めぐり

それぞれに趣の異なる石仏めぐりも楽しい

神呪寺の南の山中に、四国八十八ヶ所を模したミニ札所めぐりの道がある。寛政10年（1798）に建立されたもので、四国八十八ヶ所の各札所の砂を敷いているという。全行程は約2km。アップダウンはあるが、1時間程度で回れる。西宮観光協会のホームページでイラストマップを公開しているので、興味があればこの石仏の道を回ってみるのもおもしろい。

摩耶山周辺

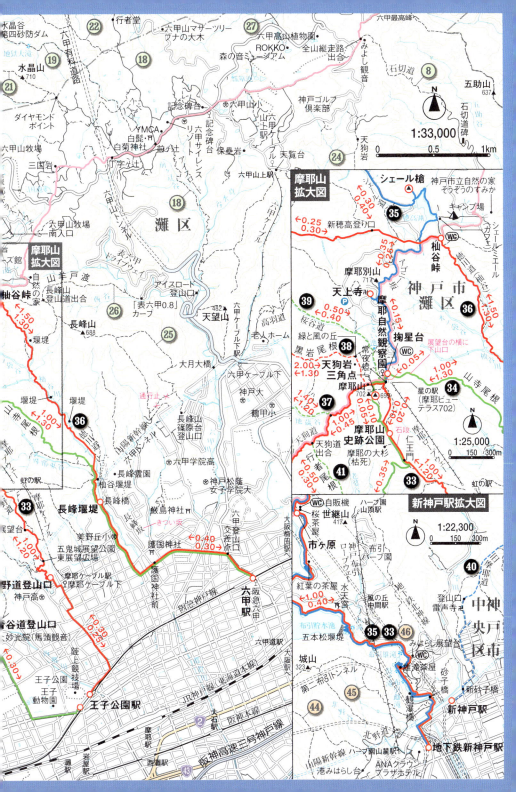

33 摩耶山① 天狗道・上野道

中級
MAP ▶ P102

縦走路一の坂と
天上寺旧参道

上野道の途中にある展望台から大阪湾を望む

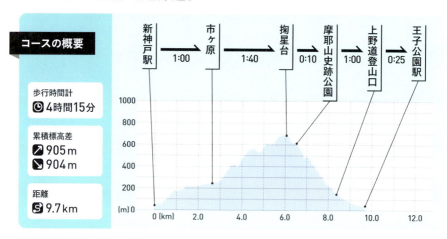

コースの概要

新神戸駅 →(1:00)→ 市ヶ原 →(1:40)→ 掬星台 →(0:10)→ 摩耶山史跡公園 →(1:00)→ 上野道登山口 →(0:25)→ 王子公園駅

歩行時間計
⏱ 4時間15分

累積標高差
↗ 905 m
↘ 904 m

距離
📏 9.7 km

アクセス
行き＝神戸市営地下鉄新神戸駅
帰り＝阪急神戸線王子公園駅

問合せ先
神戸市森林整備事務所☎078-371-5937（登山道）
神戸市経済観光局観光企画課☎078-230-1120
神戸市総合インフォメーションセンター☎078-241-1050

1 布引渓谷で最初に現われる布引雌滝　2 五本松堰堤は日本最古の重力式コンクリートダムで、明治33年（1900）の竣工。国指定重要文化財だ　3 布引貯水池。布引の水は、昔は腐らない水として外国船の船乗りに珍重された

摩耶山に至るポピュラーコース

　摩耶山は、天上寺（正式には忉利天上寺）の山号で、仏陀（釈迦）の生母、摩耶夫人からとられた名前だ。摩耶山周辺は、天上寺があったために古くから開発され、戦後しばらくは、掬星台から摩耶自然観察園にかけて、ジェットコースターが呼び物の奥摩耶遊園地もあった。

　摩耶山には、古刹、天上寺に至る登拝道がいくつもあった。ここでは、全山縦走路中最大の標高差を一気に稼ぐ稲妻坂・天狗道を登る。とはいえ標高差350mそこそこで、縦走路中ではという意味である。下山は、

アドバイス

掬星台には摩耶ロープウェー星の駅があるので、ロープウェーで下ることもできる。また、上野道の中間あたりで虹の駅にも行けるので、摩耶ケーブル利用も可能だ。

登拝道のひとつ、上野道を利用してみよう。

スタートは**新神戸駅**。新幹線駅の1階から山の手に向かい砂子橋を渡ると、布引の滝を経由する道、迂回する道と分かれる。下側の滝を経由する道を選び、雌滝、鼓ヶ滝、雄滝をめぐって、雄滝茶屋前から尾根道に出る。すぐにみはらし展望台がある。再び渓谷沿いになり、五本松堰堤の横を登って貯水池に出る。しばらく貯水池の横を歩き、生田川沿いに行くと桜茶屋のある**市ヶ原**だ。

市ヶ原の先で尾根に上がるとトエンティクロスと天狗道の分岐がある。稲妻坂、続いて天狗道を登って摩耶山直下にたどり着き、公園となった**掬星台**へ。

下山に使う上野道へは、天狗道方面に少し戻った常夜燈から階段を下

1 学校林道分岐から下は稲妻坂、上は天狗道と呼ばれる **2** 山上の憩いの場、掬星台。摩耶ロープウェー星の駅があり観光客も多い **3** 掬星台は六甲随一の展望台。1000万ドルの夜景が有名だ **4** 旧天上寺跡地の、摩耶山史跡公園。常夜燈や基壇が残っている。後ろの山が摩耶山頂上だ

る。下り着いた広場は旧天上寺のあった**摩耶山史跡公園**だ。そこから長い石段を仁王門へ下り、しばらく行くと、上野道と青谷道の分岐があり、左へ。上野道の路傍には丁石のほか宝篋印塔も見られる。五鬼城展望公園で最後の展望を楽しんだら、**登山口**に下り、**王子公園駅**を目指す。

1 上野道を下る。登拝道だけに歩きやすい　2 五鬼城展望公園の東展望広場。五鬼氏という豪族の山城があったようだが、詳しいことはわからない

もっと知りたい！

『摂津名所図会』に描かれた摩耶山
（国立国会図書館ウェブサイトより）

焼失した摩耶山天上寺

昭和51年（1976）、放火により七堂伽藍が全焼、その跡地が今、摩耶山史跡公園として整備されている天上寺。往時の建物は唯一仁王門が残る。天上寺は、大化2年（646）にインドの僧、法道上人が開基したと伝わる。本尊は釈迦が造ったとされる十一面観音（秘仏）で、摩耶夫人像を招来したのは弘法大師だという。天上寺は現在、摩耶別山に伽藍を構えている。

34 摩耶山② 青谷道・山寺尾根

中級
MAP ▶ P102

信仰の色濃い旧参道を登り、急坂の尾根を下る

大聖不動明王禊場先の岩盤。青谷道ではここが最大の難所（濡れている程度）

コースの概要

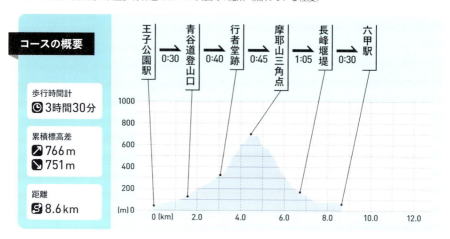

王子公園駅 →0:30→ 青谷道登山口 →0:40→ 行者堂跡 →0:45→ 摩耶山三角点 →1:05→ 長峰堰堤 →0:30→ 六甲駅

- 歩行時間計 🕐 3時間30分
- 累積標高差 ↗766m ↘751m
- 距離 🅢 8.6km

アクセス
行き＝阪急神戸線王子公園駅
帰り＝阪急神戸線六甲駅

問合せ先
神戸市森林整備事務所☎078-371-5937（登山道）
神戸市経済観光局観光企画課☎078-230-1120
神戸市総合インフォメーションセンター☎078-241-1050

108

1 青谷道登山口近くの妙光院の、日本最大という馬頭観音像。本尊は、天武天皇の勅願の毘沙門天。大宝3年（703）京都に建立、明治になって現在の地へ　**2** 観光茶園静香園。土日祝の営業で、季節には茶摘み体験も　**3** 青谷道には巨木が多く見られる　**4** 旧天上寺で唯一残った仁王門からは長い石段上り

摩耶山周辺

初心者向けの道と急坂の下山道

　青谷道（あおたにみち）は、摩耶山（まや）登拝道のひとつで、青谷川沿いに歩く。摩耶山への登山道では初心者向けの道だ。下山は、摩耶山一の急坂の山寺尾根（やまでら）を下る。

　王子公園駅から王子公園の西側を回り込んでいく。突き当たりで橋を渡ると右手に**青谷道の登山口**がある。ほぼコンクリートの道で途中に観光茶園、大正11年（1922）発足の「神戸突破嶺會」（神戸つくばね会）の署名所つくばね寮を経て**行者堂跡**（ぎょうじゃ）へ。

> **アドバイス**
>
> 青谷道は、特に問題となるところはない。下山は初心者だけなら、山寺尾根ではなく、上野道を選択した方が無難。ロープウェーでもよい。山寺尾根は、踏み跡を見極め、あらぬ尾根に誘い込まれないよう注意する。

1 火災の際に枯死した摩耶の大杉。枯れてもなお立ち続けている。石段の途中から左に入る　**2** 摩耶山山頂の天狗大神を祀る天狗岩　**3** 掬星台からポートアイランドを見る。その向こうに神戸空港　**4** 掬星台。定期的にリュックサックマーケット（フリーマーケット）も催される（詳細はmonte702へ）

行者堂は、基壇だけが残っている。昔はお堂だけでなく茶屋もあった。ここから未舗装路となる。大聖不動明王禊場先の岩盤は滑りやすいので注意しよう。長い石材を使った石段は、いかにも登拝道の趣がある。上野道と合流したら旧天上寺の仁王門がある。

長い石段を登り天上寺跡地の摩耶山史跡公園へ。公園先の突き当たりで、右は常夜燈を経て掬星台へ。ここでは左にとり、摩耶山山頂を目指す。山頂には天狗大神を祀る磐座、天狗岩と**三角点**がある。地形図上の最高点702mはどこかわからない。

三角点を越えると道路に出て右で、

多くのハイカーや観光客が憩う掬星台だ。掬星台には展望台が2カ所あり、下山路に使う山寺尾根の下山口は、奥にある展望台の脇にある。

山寺尾根は、歩きやすい青谷道と打って変わって、やや上級者向けとなる。摩耶山の一般登山道では、一番の難路だろう。のっけから急降下が始まる。少し落ち着いても、また急降下と、なかなか厳しい。最後に杣谷(そまだに)に出て徳川道(とくがわみち)と合流し、右へ。長峰堰堤(ながみね)の先で道路に出て、広い山麓線まで下ったら左折し山麓線を歩く。五叉路になった六甲登山口交差点で、一番細い道が**六甲駅**への道である。

1 草に埋もれた掬星台展望台横の山寺尾根下山口
2 急坂が連続する山寺尾根はなかなか手ごわい

もっと知りたい!

星の駅の摩耶山案内所、monte702

星の駅の2階にmonte702という案内所と、CAFE702がある(併せて摩耶ビューテラス702)。摩耶山は摩耶山再生の会が熱心に活動を行なっており、「マヤカツ」と呼ぶイベントを数々実施している。摩耶山・マヤ遺跡ガイドウォークは人気のイベントだ(要予約)。営業時間は、曜日、季節により異なる。案内所は火・木曜休、カフェは火曜のみ休、いずれも祝日の場合翌日休、☎ 078-882-3580

摩耶山みやげもたくさん販売

CAFE702の10種のスパイスのチキンカレー

35 摩耶山③ トエンティクロス・穂高湖 初級
MAP ▶ P102

渓谷を飛び石で渡り、山上の憩いの池へ

飛び石を渡って、分水嶺越分岐へ

コースの概要

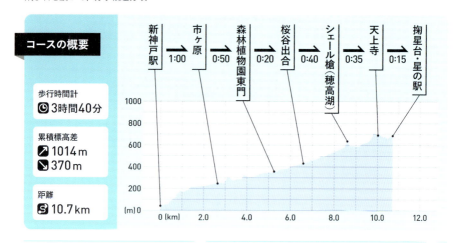

新神戸駅 →1:00→ 市ヶ原 →0:50→ 森林植物園東門 →0:20→ 桜谷出合 →0:40→ シェール槍（穂高湖）→0:35→ 天上寺 →0:15→ 掬星台・星の駅

歩行時間計　3時間40分
累積標高差　↗1014m　↘370m
距離　10.7km

アクセス
行き＝神戸市営地下鉄新神戸駅
帰り＝星の駅（まやビューライン約20分）摩耶ケーブル下（神戸市バス11分）
阪急神戸線六甲駅 ※三宮へのバス便あり約25分、JR灘駅への坂バスあり約15分

問合せ先
神戸市森林整備事務所☎078-371-5937（登山道）
神戸市経済観光局観光企画課☎078-230-1120
神戸市総合インフォメーションセンター☎078-241-1050

居留外国人が名付けた渓谷道をゆく

トエンティクロス（表記はまちまち）は、神戸の居留外国人が"twenty crossing"と名付けた道で、20回徒渉するという意味がある。日本語では「二十渉」と書く。現在は20回も川を渡らないが、歴史ある渓谷道で、摩耶山まで緩やかに登れるため人気がある。

新神戸駅から布引渓流沿いに市ヶ原へ向かう（コース㉝P104参照）。市ヶ原の先で尾根を乗り越し、下りきるとトエンティクロスが始まる。生田川沿いを緩やかに進む。2018年に登山道の斜面が崩壊したが、そ

1 トイレや自販機もあってひと息つける市ヶ原 2 市ヶ原の先で尾根に登っていく。やがて右手にハーブ園の施設が見えてくる 3 飛び石は慎重に。増水には注意すること 4 崩壊地を過ぎるとあじさい広場に着く。紅葉が見事だ

の手前の徒渉が、現在のトエンティクロスの肝だ。石を選んで徒渉し右岸（向かって左）に渡ると、やがて崩壊地に出る。現在崩落は落ち着いていて普通に歩ける（通行禁止ではないが、神戸市では迂回を推奨）。崩壊地の先であじさい広場に上がり植林帯を下ると河童橋に出る。ここも大水で風景が大きく変化した場所だ。左岸から右岸に飛び石で渡るとベンチのある分水嶺越分岐へ。もう一度飛び石で対岸に渡って進み、二十渉堰堤を越えて、徳川道に合流する。左の飛び石は**森林植物園東門**への道だ。徳川道を進んで、**桜谷出合**の分岐でシェール道に入り、穂高

> **アドバイス**
> 渓谷道なので雨天時は増水で徒渉できなくなることも。崩壊地の推奨迂回路は、高雄山を大きく回り込み南ドーントリッジ経由で分水嶺越分岐へ。天上寺拝観後はドライブウェイに下り掬星台に向かってもいい。

1 シェール道は、居留外国人の名にちなんだ道名。少し荒れた箇所もある **2** シェール道が広くなると穂高湖は近い **3** シェール槍の山頂。今は登り口に道標が付いた。頂上近くは岩登り **4** カヌーが浮かぶ穂高湖。SUP体験もできる。正面がシェール槍

湖の堰堤下まで進む。

　階段を登り穂高湖畔に出ると、すぐ左に**シェール槍**(やり)の登り口がある。山頂まで10分もかからないが、岩登り要素がある。登り口に戻り、湖畔を歩くと、2024年春オープンの新施設「そうぞうのすみか」の一角に出る。直進しドライブウェイに出て右へ。左に現われるアゴニー坂を登り切って進むと、**天上寺**(てんじょうじ)へ下る道があるので立ち寄ろう。さらに全山縦走路を進むと**掬星台**(きくせいだい)・**星の駅**に着く。下山はロープウェーを利用する。

1 アゴニー坂もカタカナ地名のひとつ。急だが短い　**2** 摩耶別山に再建された天上寺。展望も抜群だ。拝観料は志納　**3** 摩耶ロープウェー。火曜日は運休（祝日の場合は翌日）するので注意。摩耶ケーブルと併せて「まやビューライン」と呼ぶ

摩耶山周辺

もっと知りたい!

穂高湖の新レジャー施設「そうぞうのすみか」

穂高湖畔のカフェ、シェールミエール

教育施設の位置付けだった神戸市立自然の家が一般でも利用しやすくリニューアル。無料のアスレチック施設や、カフェ、穂高湖でのカヌー体験など、アクティビティが目白押し。六甲山中にはなかったキャンプ場ができたのもうれしい（要予約）。営業は9〜17時（施設により変更、学校園の優先日あり）☎078-891-0001（全体）、カフェ☎070-1211-1875、キャンプ☎070-1211-1893

36 徳川道

中級
MAP ▶ P102

使われることのなかった幕末の間道

徳川道の通る杣谷は、カスケードバレイと呼ばれ居留外国人たちも楽しんだ道

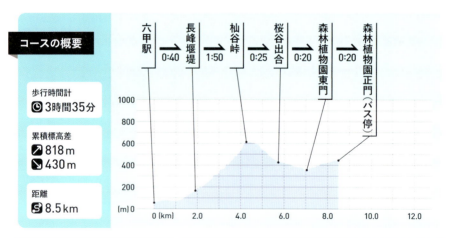

コースの概要

六甲駅 →0:40→ 長峰堰堤 →1:50→ 杣谷峠 →0:25→ 桜谷出合 →0:20→ 森林植物園東門 →0:20→ 森林植物園正門（バス停）

- 歩行時間計　3時間35分
- 累積標高差　↗818 m　↘430 m
- 距離　8.5km

アクセス
行き＝阪急神戸線六甲駅
帰り＝神戸市立森林植物園（無料送迎バス10分）神鉄三田線北鈴蘭台駅

問合せ先
神戸市森林整備事務所☎078-371-5937（登山道）
神戸市経済観光局観光企画課☎078-230-1120
神戸市総合インフォメーションセンター☎078-241-1050

1 登り着いたところが杣谷峠。トイレもある 2 徳川道を示す古い道標。この先の小さな峠は新穂高への登山口になっている 3 桜谷出合でも飛び石の徒渉がある。滑らないよう足元に注意しよう

摩耶山周辺

歴史の道をたどり森林植物園へ

　幕末、神戸開港が迫るなか、大名行列が外国人と接触するのを避けるため、西国街道を迂回する道が造成された。薩摩藩の大名行列が英国人を殺傷した生麦事件の影響を受けたともいわれる。これが徳川道で、正式には西国街道往還付替道という。完成直後に王政復古の大号令が発せられ、徳川道は使われないまま役目を終えた。

　起点の碑は阪神石屋川駅近くにあり、徳川道は六甲山中を通って明石近くの大蔵谷まで延びている。ここでは、六甲山中のパートを紹介する。

　六甲駅を出て、西へ向かう。杣谷川を渡ったら川沿いを遡り、**長峰堰堤**から登山道に入る。杣谷堰堤の先で山寺尾根の分岐を見送る。小滝が

アドバイス

杣谷は徒渉が多く、水量が多い時は注意が必要。森林植物園東門の飛び石も同様。水量が多い場合は、東門飛び石手前で橋を渡るところを、橋を渡らずに川沿いを行く、飛び石迂回路もある。

1 階段のある堰堤を越えると水平の道が続く **2** 川際には橋が造られる。ひと昔前に比べしっかりとした造りになった **3** 森林植物園は六甲随一のアジサイの名所。種類も多く、幻の花、シチダンカもある

連続する杣谷を、居留外国人はカスケードバレイと呼んだ。何度かの徒渉はよいとして、堰堤越えがつらい。最後に谷から離れると**杣谷峠**に着く。

　峠前の道路を左へ。「穂高湖(ほたか)」と刻んだ石門から登山道に入る。徳川道の案内板で案内に従い、左の道へ。小さな峠を越えて、**桜谷出合(さくらだに)**で生田(いくた)川を渡ると川沿いの快適な道になる。徳川道は、神戸市立森林植物園内を通っているので、**東門**手前の飛び石で川を渡り、植物園へと入っていく（要入園料）。長谷池横を通り**正門**前へ。徳川道の先は長いが、六甲エリアはここまでとなる。

> **もっと知りたい！**
>
>
>
> 森林展示館には巨大なジャイアントセコイアの輪切りが見られる
>
> **世界各地の樹木を集めた森林植物園**
> 神戸市立森林植物園は、自然の地形をそのまま生かした植物園で、六甲自生の植物だけでなく、日本全国、北アメリカやアジア、ヨーロッパの樹林が、四季折々楽しめる。弓削牧場の乳製品が味わえるレストラン「ル・ピック」のメニューもおすすめだ。9〜17時（入園は16時30分まで）、水曜休（祝日の場合翌日、アジサイ、紅葉シーズンは無休）、300円
> ☎ 078-591-0253

SUB COURSE

㊲ 地蔵谷道

中級
MAP ▶ P102

地蔵谷入口 → 地蔵大滝 → 天狗道出合　　　歩行時間 ⏰1時間40分

川のせせらぎを聞きながら遡行する

摩耶山に通じる谷道をゆく

　市ヶ原から天狗道との分岐がある尾根を越えると地蔵谷の入口がある。地蔵谷は整備されすぎず、さりとて危険というほどの箇所もなく、ほどよくワイルドな谷道が続く。ただし徒渉箇所が多く、雨天時や大雨のあとはおすすめしない。見ごたえのある地蔵大滝は、行程のちょうど半分くらいにあり、右手に下り口を見つけて下りる。左に黒岩尾根へアドベンチャールートを分けると、ほどなく天狗道に合流する。

㊳ 黒岩尾根

中級
MAP ▶ P102

黒岩尾根登り口 → 天狗道出合　　　歩行時間 ⏰2時間

606mピークを越えるまでは登り一辺倒だ

体力勝負の長い尾根道

　登り口は、地蔵谷のすぐ先にある。摩耶山に至る尾根道はいずれも急で、楽な道はないが、黒岩尾根は北に登ってから摩耶山に回り込むので距離もあり、印象としては一番きつい。近年、新しい階段がついて少し登りやすくなっている。登り切ったら方角を東に変え、いったん下って大きく登り返す。その後、軽くアップダウンを繰り返すと、日時計のある「緑と風の丘」を経て、天狗道終点の舗装路に合流する。

SUB COURSE

㊴ 桜谷道

初級
MAP ▶ P102

桜谷出合 → 摩耶自然観察園 ──────── 歩行時間 ◎50分

徳川道と摩耶自然観察園をつなぐ

　徳川道の道中、桜谷出合という飛び石の徒渉地点がある。そこから桜谷を遡り、一気に摩耶山まで登るのが、桜谷道だ。急だが変化のある谷道だ。

　登りつめたところが摩耶自然観察園。ここは道が複雑に入り組んでいる。まっすぐ進むと、産湯の井を経て、山上道路の常夜燈の前に出る。自然観察園に入ったところで左に行くと、初夏にヒメアジサイやコウホネが咲くあじさい池がある。実はこの自然観察園、昔の奥摩耶遊園地の跡地で、あじさい池はアイススケート場の跡だという。そこから少し上がるとドライブウェイの手前に広場があるが、ここは野外劇場跡。自然観察も楽しいのだが、そういうことを頭においてめぐるとまた違った楽しみ方ができる。

1 渓流沿いを遡っていく　2 ヒメアジサイ咲くあじさい池。コウホネが池面を覆う。桜谷道にはヤマアジサイも多く咲く　3 産湯の井。里人がここで水を汲んで産湯に使ったという。ここから大日如来を表わす梵字を刻んだ石も出土している

SUB COURSE

㊵ 旧摩耶道

中級
MAP ▶ P102

新神戸駅 ➡ 雷声寺 ➡ 学校林道分岐 ➡ 行者堂跡 ── 歩行時間 🕐 1時間30分

摩耶山周辺

布引から天上寺への参詣道

「もとまやみち」と読む。新神戸駅周辺の布引を起点とする天上寺の登拝道のひとつで、雷声寺から登り、行者堂跡で青谷道と合流する。

新幹線新神戸駅の2階のロータリーから東へ向かう歩道を歩き、新砂子橋で駅をまたぐ。右、左、左と進んで坂を上り、雷声寺へ。雷声寺の階段を登りきると、不動明王像の前に旧摩耶道の道標がある。木階段を登り、しばらくは尾根道で、学校林道（東山）分岐に着く。ちなみに学校林道を登ると天狗道に出るので、ここからそちらを選択する人も多い。

ここから行者堂跡までは、軽いアップダウンを繰り返しながら山腹道を行く。道が細くなっている箇所があるので、注意して歩こう。行者堂跡に着いたら旧摩耶道は終わりだ。

1 下部は、気持ちのよい雑木林の尾根道がしばらく続く **2** 摩耶山史跡公園（旧天上寺）方面を見上げる。枯死した摩耶の大杉が見えるので、それとわかる **3** 雷声寺上端の登山口では、不動明王像が待っている

SUB COURSE

㊶ 行者尾根

上級
MAP ▶ P102

行者堂跡 → 天狗道出合　　　　　　　　歩行時間 🕐 50分

行者堂跡から延びる岩尾根

　行者堂跡から天狗道へ一気に登る尾根が行者尾根だ。以前は知る人ぞ知る岩尾根だったが、現在はよく知られており、「命崖」というダジャレの岩場や「行者尾根ケルン」などもある。誰かがおもしろがって付けた名が一般的になるのはインターネット社会の宿命なのかもしれない。踊らされるのも恥ずかしいし無視したいが、地名というのはそういうものかもしれない。

　行者堂跡の裏手に進むと行者尾根への取付がある。登り始めは凡庸だが、やがて手も使うような岩場が出始める。徐々に展望もよくなり、振り返ると気持ちがいい。大岩を乗り越える場所もある。登りが急になると、天狗道上の小ピークに飛び出す。掬星台へは、右へ20分ほどの距離だ。

1 岩の上から大阪湾を見る。切れ込んだ谷は青谷だ　2 つい15年ほど前まで、お堂があったことが不思議なくらいの行者堂跡　3 樹林の急登となったら天狗道は近い

SUB COURSE

42 高雄山・ドーントリッジ

中級
MAP ▶ P102

市ヶ原 → 高雄山 → 分水嶺越林道出合 → 分水嶺越分岐 ── 歩行時間 1時間5分

1 北ドーントリッジは岩場もあり、ルートファインディングも必要で、上級者向けルート。初心者はくれぐれも踏み込まないように **2** 高雄山山頂。展望は木の間越しにわずか **3** 分水嶺越林道の南ドーントリッジ入口 **4** 南ドーントリッジは整備され、歩きやすい道が続く

六甲を闊歩した居留外国人が名の由来

高雄山は、市ヶ原の北西にあるピークで、そこから英国人H.E.ドーントの名が付いたドーントリッジが延びている。ドーントリッジは南北あり、一般ルートは南ドーントリッジで、北ドーントリッジは道標もなく上級者向けだ。

高雄山の取付は、市ヶ原の右岸にある。山頂までは急登を強いられる。山頂から西へふって南ドーントリッジを行くと、分水嶺越の林道と出合う。ここまでは初級〜中級。右で生田川沿いの分水嶺越分岐だ。

北ドーントリッジは、林道を左に少し歩き、右に派生する管理道を登ると取付がある。ここから先は上級ルートで森林植物園まで続いている。森林植物園は正規の門から以外は入園できないので、往路を林道まで戻るしかない。

自らを引率の山羊「ベル・ゴート」と呼んだドーント（『INAKA』より。右も）

中心人物の一人、ウォーレン。山寺尾根はウォーレンリッジと呼ばれた

COLUMN 5
居留外国人とカタカナ地名

　六甲山は、コース名はじめ、カタカナを使用した地名が多い。その理由は、神戸に住む居留外国人たちが、六甲山を「遊び場」として発見したからであった。

「六甲山の開祖」といわれるのは、英国人の貿易商A.H.グルームだ。明治維新直後に、グラバー商会の社員として来日、神戸の外国人居留地に住み、明治28年（1895）に六甲山上では最初といわれる住居を建て、同34年に日本で最初のゴルフ場を六甲山に建設した。しかし、六甲山を登山の対象としたのは、同じ英国人のH.E.ドーントとJ.P.ウォーレンである。トエンティクロス、アイスロード、カスケードバレイ（杣谷）、シュラインロードなどは彼らの命名である。

　ドーントらは、明治37年（1904）頃には、「Ancient Oder of Mountain Goats」という外国人の登山団体を結成（後に「The Kobe Mountain Goats Club」と改名）し、機関誌『INAKA』を大正4年（1915）からの9年間で計18巻刊行した。彼らは自らを「ゴート（山羊）」と呼んだ。ちなみに、日本の近代登山に影響を与えた英国教会の宣教師W.ウェストンは、著書『日本アルプス　登山と探検』で日本アルプスを海外に紹介したことで

『INAKA』に掲載された「TWENTY CROSSINGS（トエンティクロス）」

ウォーレンの名を残す黄蓮谷

明治期の登山を知る貴重な資料の『INAKA』。日本アルプスの山行も多く掲載されている。岩登りに興じるウェストン夫妻の写真もある

摩耶山周辺

有名だが、内容は神戸に赴任している間の登山である。ドーントはウェストンと交流がありウェストンの紹介で英国のアルパインクラブ会員にもなっている。記録はないが、ウェストンも六甲を登っていたのかもしれない。

ドーントの名は今、ドーントリッジに、ウォーレンの名は黄蓮谷に残っている。シェール道に名を残すシェール

も居留外国人だが、ドイツ人だったらしく、ドーントらの仲間ではない。道名は、親しかった日本人たちが命名したようだ。

ところで、摩耶山にアゴニー坂という坂がある。従来、あごがニー（ひざ）に付くほど急だとか、agony（苦痛）がなまったものという話がまことしやかに伝わっていたが、最近の研究で、彼らの仲間のスペンスが、愛犬を摩耶山で見失い尋ね歩いたことから、新聞の尋ね人欄（Agony Column）に引っ掛けて、このあたりをアゴニー・ヒルと名付けたことに由来することがわかっている。

43 炭ヶ谷道・石楠花山・山田道

中級
MAP ▶ P102

谷道を遡り展望の岩頭へ。
下りには牧場へ

天狗岩は穴場の展望ポイント。西の展望がすばらしい

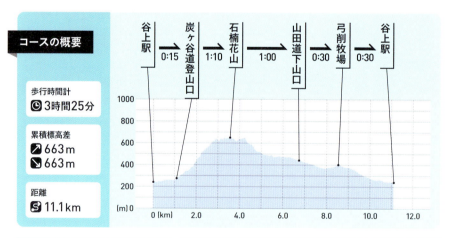

コースの概要

谷上駅 → 0:15 → 炭ヶ谷道登山口 → 1:10 → 石楠花山 → 1:00 → 山田道下山口 → 0:30 → 弓削牧場 → 0:30 → 谷上駅

- 歩行時間計 3時間25分
- 累積標高差 ↗663m ↘663m
- 距離 11.1km

アクセス
往復＝神戸市営地下鉄・神戸電鉄有馬線谷上駅

問合せ先
神戸市森林整備事務所☎078-371-5937（登山道）
神戸市経済観光局観光企画課☎078-230-1120
神戸市総合インフォメーションセンター☎078-241-1050

1 住宅地南東端の登山口。階段ではなくフェンス横を登っていく　2 炭ヶ谷道は、最後は涸れ谷を登っていく。植林帯の明確な道から一変する　3 下に回り込むと名前の由来がわかる烏帽子岩　4 石楠花山の展望台

摩耶山周辺

穴場の展望ポイントへ

　谷上駅を起点とする登山道は、炭ヶ谷道（すみがたにみち）と山田道（やまだみち）の2つある。いずれも派手さはないが、炭ヶ谷道は登り詰めた山上の岩場が魅力的で、山田道は、中間あたりに弓削（ゆげ）牧場というちょっと魅力的な牧場がある。

　炭ヶ谷道へは、**谷上駅**を出て東に向かう。**登山口**まで「ハイキング道」の道標がある。堰堤を3つ越えると植林帯になる。涸れ谷になり詰めていくと、双子山（ふたご）と烏帽子岩の分岐だ。ここを右にとり烏帽子岩へ。烏帽子岩を見たら、先ほどの分岐まで戻らずに、手前で左に派生する道に入ると**石楠花山**（しゃくなげ）三角点がある。すぐに水平で広い道に出て進み、右に赤テープのついた踏み跡を見つけてたどっていこう。たどり着いた天狗岩は、展望抜群の岩頭だ。

　先ほどの道に戻って先へ進み、展

アドバイス

炭ヶ谷上部の涸れ谷は、両岸がもろい。落石に注意。烏帽子岩分岐から双子山に足を延ばしてもいいが、魅力はない。ちなみに石楠花山展望台から道路に下り着いた対面から黄蓮谷経由でシェール道に出られる。

望台で右に折れて下っていくと山上道路に出る。道路を西へ30分ほどたどり、森林植物園正門を過ぎてすぐ、**山田道の下山口**がある。やがてコンクリート、続いて石垣の壁沿いとなり、水路横を通る道になる。途中の道標に「弓削牧場」とあるので左に折れ、住宅地を行くと**弓削牧場**入口だ。ランチタイムやティータイムなら寄っていくといい。弓削牧場分岐から下ると渓谷沿いの道になり、最後は**谷上駅**の西側に降り立つ。

1 森林植物園正門の西にある山田道の下山口。山田道は自然の道、舗装路、自然の道と様相の変化が激しい　**2** 山田道下部は渓谷沿いの登山道になる

もっと知りたい！

弓削牧場チーズハウスヤルゴイ

森林植物園のレストラン、ル・ピックでもおなじみの弓削牧場。観光牧場ではないので、ウシやヤギは見る程度だが、一番奥（入口からけっこう登る）にあるチーズハウスヤルゴイは、チーズの魅力が味わえるレストラン。特にフレッシュチーズのフロマージュ・フレは一度は味わってほしい逸品。席に限りがあるので予約が望ましい。ランチタイム11～L.O14時、カフェタイム14～L.O16時、火・水曜休（臨時休業あり、木曜は売店とソフトクリームは営業）☎078-581-3220

1 森の中にあり雰囲気もいい。売店も併設　**2** デザート2種盛り。この日はクレーム・ダンジュとシフォンケーキ

再度山・菊水山周辺

44 再度山

中級
MAP ▶ P130

参詣道を登って弘法大師ゆかりの古刹へ

紅葉の名所でもある再度公園。多くのハイカーで賑わう

コースの概要

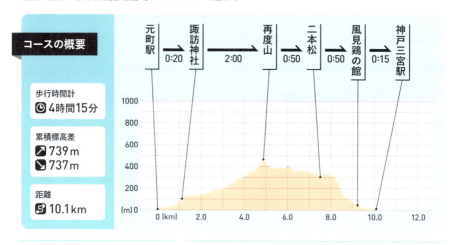

元町駅 →(0:20)→ 諏訪神社 →(2:00)→ 再度山 →(0:50)→ 二本松 →(0:50)→ 風見鶏の館 →(0:15)→ 神戸三宮駅

歩行時間計　4時間15分
累積標高差　↗739m ↘737m
距離　10.1km

アクセス
行き＝JR神戸線・阪神本線元町駅
帰り＝阪急神戸線・阪神本線神戸三宮駅、JR神戸線三ノ宮駅

問合せ先
神戸市森林整備事務所☎078-371-5937（登山道）
神戸市経済観光局観光企画課☎078-230-1120
神戸市総合インフォメーションセンター☎078-241-1050

1 諏訪神社は創建が仁徳天皇の時代までさかのぼる古社　2 再度谷沿いに続く大師道。路傍には丁石が点在　3 大龍寺参道の毎日登山壱萬回塔。再度山は六甲山の登山文化、毎日登山と深く関わる　4 再度山山頂直下の天狗岩。岩上右端に亀そっくりの出っ張りがある

再度山・菊水山周辺

山上にたたずむ池と異国情緒の町

　再度山（ふたたびさん）という山名は、弘法大師が入唐の折、山頂直下の大龍寺（たいりゅうじ）で旅の安全を祈願し、帰朝後、その感謝を伝えるために再びこの地を訪れたことに由来する。大龍寺の創建はさらに古く、奈良時代、和気清麻呂が敵対する道鏡の刺客に襲われたときに大蛇が現われ逃げていったといい、そこに聖如意輪観音が現われたことから建立されたという。

　大龍寺の表参道にあたるのが大師道だ。道すがら路傍の丁石の数字を減らしながら登るのも楽しい。

アドバイス

大龍寺境内は、敬虔な気持ちで参ること。再度山山頂直下の天狗岩の上にちょうど亀に見える出っ張りがあるのでのぞいてみよう。下山の天神谷東尾根から北野道までは道標を確認しながら下ること。

出発は元町駅。神戸生田中学校の横を抜け、兵庫県公館、県庁、相楽園を経て諏訪山公園下へ。鳥居から急坂を登ると諏訪神社に着く。本殿の向かって左から登山道に入る。山腹道を行くとやがて再度谷に下り着く。ここからしばらくは谷沿いを遡る。最後に階段を登ると、江戸時代に作られた猩々池に着く。道路を歩き、右に現われた登山道をひと登りで尾根に出て、北上すると大龍寺。参道の毎日登山の石碑がユニークだ。

再度山山頂へは本堂の右手から奥の院大師堂を経て登っていく。山頂は特に何もない。そのまま再度越に下り、再度公園の修法ヶ原池を一周して大龍寺に戻る。大龍寺からは先ほど来た道を歩いて尾根通しに直進し、バス停のある二本松まで下る。

少し道路を歩き登山道に入って城

1 大龍寺と再度公園を結ぶ峠、再度越。この手前左側（再度公園側に少し下ったところ）に再度山への登山口がある　2 善助茶屋跡にある毎日登山発祥の地の碑。あずま屋にサイン帳も置かれている　3 善助茶屋跡から二本松に至る登山道は紅葉もすばらしい

山方面へ。途中で天神谷東尾根に入り下っていく。中間の分岐から北野町方面に下ると、北野町背後の北野道に下り着く。右にとると港みはらし台がある。そのまま進むと北野町に下り**風見鶏の館**の前の広場へ。時間が許せば異人館街を散策し、**神戸三宮駅**に向かう。

1 天神谷東尾根を下っていく　2 北野道の港みはらし台から三宮市街を見る。うろこの家（右）のすぐ裏にある　3 北野異人館通りの象徴的存在、風見鶏の館。ドイツ人貿易商トーマスが住んだ。個性的な異人館は、入館料、営業時間はそれぞれ

もっと知りたい！

毎日登山発祥地、善助茶屋

大龍寺の南の尾根に「毎日登山発祥の地」と刻まれた碑と、あずま屋がある。ここには善助茶屋という茶屋があり、明治時代、神戸の居留外国人たちがノートを置いて登るたびに署名を始めた。影響を受けた日本人たちも、毎日ここに登り記帳を始めた。やがてそれがほかの山でも行なわれるようになったので、当地が毎日登山始まりの地というわけだ。

在りし日の善助茶屋（兵庫県山岳連盟所蔵）

45 錨山・市章山・城山

初級
MAP ▶ P130

錨と神戸市章の輝く山から港町を間近に見下ろす

神戸の中心地を見下ろすビーナスブリッジ

コースの概要

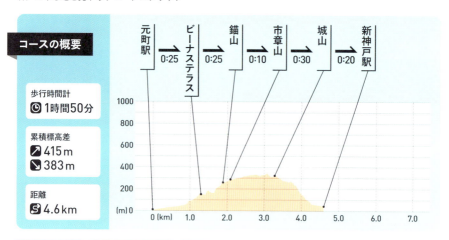

元町駅 →(0:25)→ ビーナステラス →(0:25)→ 錨山 →(0:10)→ 市章山 →(0:30)→ 城山 →(0:20)→ 新神戸駅

歩行時間計 ⏱ 1時間50分

累積標高差
↗ 415m
↘ 383m

距離 🅢 4.6km

アクセス
行き＝JR神戸線・阪神本線元町駅
帰り＝神戸市営地下鉄新神戸駅

問合せ先
神戸市森林整備事務所☎078-371-5937（登山道）
神戸市経済観光局観光企画課☎078-230-1120
神戸市総合インフォメーションセンター☎078-241-1050

1 元町駅から兵庫県公館前を通って行く。明治35年（1902）に兵庫県本庁舎として建設された建物。見学無料　**2** 諏訪山公園下から諏訪山公園へ登っていく　**3** ビーナステラスには南京錠をぶら下げるオブジェがある　**4** 錨山の電飾の植え込みが間近に見られる

神戸のシンボルから古城跡へ

　夜、メリケンパークあたりから見上げると、山肌に錨マークと神戸の市章が浮かび上がる。その歴史は古く、錨マークは、明治36年（1903）、明治天皇行幸の観艦式を記念して松を錨の形に植栽したものがもとになっている。電飾は市章のほうが早く昭和8年に仮設のものが造られ、昭和42年に永久電飾に、錨は昭和56年に永久電飾が造られた。港町神戸から見上げるように造られているだけに、これらから足下に見下ろす神戸の展望はすばらしい。

　元町駅からまずは諏訪山公園下を目指す（コース㊹P132参照）。ビーナスブリッジ、**ビーナステラス**へは、諏訪山公園からでも諏訪神社からでも行けるが、ここでは諏訪山公園を

> **アドバイス**
> たびたび車道を横切るので、車の往来には注意すること。また、城山からの下りは、急斜面の山腹道。足運びは慎重に。余力があれば、新神戸駅に降り立った後、北野道を歩いて異人館街に向かっても楽しい。

137

経由する。公園の金星台(きんせいだい)を経て、諏訪神社境内横からビーナスブリッジへ。橋の上からの神戸の眺めはすこぶるよい。

　ビーナステラスから神戸北野(きたの)テラスの裏を通り、道路を横切って登山道に取り付く。尾根通しに歩いて小ピークを越え、再び道路を横切る。登っていくと、右手に錨マークの植え込みが現われ、**錨山**の展望台に着く。**市章山**へは尾根通しに進み、風力発電施設の横を通り進み、いったん道路に出てすぐに登山道に入る。

　展望を満喫したら、道路に戻り横断して道路沿いの尾根通しの登山道に入ろう。再び道路を横切りたどっていくと、二本松からの登山道と合流する。そのまま直進して**城山**(しろやま)に向

1 錨山の展望台。神戸市街を足下に一望できる　**2** 市章山から見た錨山。山頂付近に鉄塔が立つ　**3** 市章山にある展望台。錨山より一段高い　**4** 市章山をあとに、道路沿いの登山道を堂徳山方面に向かう

かおう。城山は、鎌倉時代から戦国時代まで存在した山城跡で滝山城址ともいう。松永弾正久秀が改修したともいわれ、切通しなどの遺構もよく残っている。この先、足元に気を付けて下ると、**新神戸駅**に着く。

1 山城の遺構がそこここに見られる城山山頂。滝山城の碑が立つ **2** 神戸港に入港する船上から、錨山と市章山の電飾を見る。手前はポートタワーの立つメリケンパーク

再度山・菊水山周辺

もっと知りたい！

金星台。中央に見えるのが金星観測記念碑

諏訪山公園で神戸の近世を知る

諏訪山公園に金星台と呼ばれる広場がある。諏訪山公園は明治3年に開園した諏訪山動物園が前身で、明治7年、フランス観測隊が「金星の太陽面通過」を観測したことからここが金星台と呼ばれるようになった。記念碑も立つ。ビーナスブリッジのビーナスも金星の意味だ。ちなみに、ここには勝海舟が揮ごうし、建立したという「海軍営之碑」も立っている。

46 菊水山・鍋蓋山・再度山

中級
MAP ▶ P130

六甲全山縦走路で3つの山に登る

近年刈払いされ、展望がよくなった鍋蓋山

コースの概要

鵯越駅 →1:10→ 菊水山 →0:55→ 鍋蓋山 →0:30→ 再度公園 →0:30→ 市ヶ原 →0:40→ 新神戸駅

- 歩行時間計 ◯ 3時間45分
- 累積標高差 ↗796m ↘889m
- 距離 10.2km

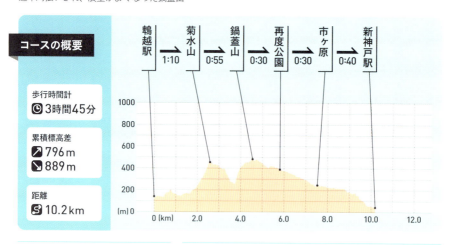

アクセス
行き＝神戸電鉄有馬線鵯越駅
帰り＝神戸市営地下鉄新神戸駅

問合せ先
神戸市森林整備事務所☎078-371-5937（登山道）
神戸市経済観光局観光企画課☎078-230-1120
神戸市総合インフォメーションセンター☎078-241-1050

1 鵯越駅を出て線路に沿って川を渡ると公園に出る 2 石井ダムへと向かう道 3 菊水山名物（?）の黒い階段 4 菊水山と刻まれた大きな石碑が立つ菊水山山頂。神戸市街が見える。この石碑の右手には明石海峡を望むテラスがある

再度山・菊水山周辺

標高のわりにきついアップダウン

　六甲全山縦走路は、須磨浦公園を出発し、須磨アルプス、高取山を経ていったん市街地を歩き、鵯越駅から菊水山へ、再び山の中を歩くようになる。ここでは鵯越駅から全山縦走路で市ヶ原まで歩き、新神戸駅へ下るコースを紹介する。

　鵯越駅を出たらすぐに線路の東側沿いを進む。川を越えて未舗装路を歩き舗装路に出たら左へ、下水処理場を経て突き当たりを右にとり、登山道へと入る。神戸電鉄沿いを歩いて下り、石井ダム前の橋を渡る。ここからが本格的な登山道となる。小

アドバイス

鵯越駅も全山縦走路の通過点なので、コース全般にわたり道標に従って進めば迷うことはない。岩交じりの城ヶ越に崩落地があるが、迂回路があるので、足元に気を付けて歩けば問題はない。

1 城ヶ越から鍋蓋山を望む。西から見ると端正な山容だ **2** 天王吊橋を渡って鍋蓋山への登りに取り付く **3** 鍋蓋山への登り返しは結構きつい。傾斜が緩むまでがんばろう **4** 再度越では、スダジイの大木をいくつも見ることができる

さな広場を過ぎると登山道は急になり、黒い階段でその角度はピークとなる。ひとがんばりすると電波塔の立つ**菊水山**山頂だ。明石海峡大橋と淡路島の展望がよい。そのまま縦走路を北東へ。城ヶ越の岩場を下り、天王吊橋で有馬街道を越えて鍋蓋山への登りに取り付く。この登り返しもなかなかつらい。送電線鉄塔まで来ると傾斜が緩み、その先からは快適な尾根道を進んで**鍋蓋山**山頂へ。展望がすばらしく、東は神戸市街、西は須磨アルプスから淡路島までが一望できる。

　ここからは全山縦走路をさらに東へ。樹林の中を軽くアップダウンを繰り返しながら高度を下げていく。再度越まで来たら、縦走路は右に大龍寺仁王門前から山門を経て市ヶ原に向かうが、**再度公園**にも立ち寄ろう。市ヶ原へは修法ヶ原池の東からトンネルでドライブウェイをくぐり、

1 再度公園から蛇谷沿いに下っていく。和気清麻呂がこの谷で政敵の道鏡の刺客に襲われた際に大蛇が現われ救われたという **2** 広々とした市ヶ原の河原

再度山・菊水山周辺

布引のみはらし展望台から最後の展望を楽しむ

蛇谷沿いを下っていく。道路で縦走路に合流したら左へ。しばらく舗装路を歩き道標に従い登山道に入ると、**市ヶ原**の河原に着く。桜茶屋の前まで階段で上がったら右にとり、布引貯水池、布引の滝を経て**新神戸駅**へ。

もっと知りたい！

大龍寺周辺にはスダジイの巨木が何本もある

六甲の極相林、スダジイの森

六甲山は、江戸時代から明治時代にかけて、木が伐採され禿山だった。そんななかで再度山大龍寺周辺は、スダジイの巨木が多い。六甲山では貴重な天然の照葉樹林で、これより標高が高いと、摩耶山旧天上寺周辺のようにアカガシ林に遷移するという。極相林とは遷移が止まった最終的な樹林のことだが、このスダジイの森は、六甲山でのこの標高の極相林ということができる。

SUB COURSE

47 仙人谷

初級
MAP ▶P130

再度公園 ➡ 外国人墓地 ➡ 洞川湖 ➡ 森林植物園西口バス停 ──── 歩行時間 45分

神戸居留外国人の歴史に思いをはせる

　再度(ふたたび)公園の北、森林植物園に通じる道がある。洞川湖(どうかわこ)へ通じる仙人谷(せんにん)沿いの道だ。公園北の神戸の居留外国人の墓地は見どころのひとつで、神戸の歴史や文化を学べる。モロゾフやフロインドリーブ、ウィルキンソンなど、耳にしたこのとある人物の墓石もある。4〜11月の第4日曜に案内人付きで無料で公開している（要申し込み、問い合わせは森林整備事務所へ）。公開日以外は展望台から俯瞰できる。

　墓地からは仙人谷を下る。梅の季節なら洞川梅林を経由して洞川湖へ下るとよい。洞川湖に着いたら湖沿いに歩いて、湖の上部で川を渡り、道路に出て左へ折り返す。学習の森入口から北へ。ドライブウェイに出て下っていくと、森林植物園の西口に着く。

1 再度公園の西北端から仙人谷沿いの道を下る　2 入園自由の外国人墓地展望台には第二次世界大戦の戦没者を弔う「勇士の慰霊塔」が立つ　3 洞川湖へ降りてきたが湖は垣間見る程度。湖の風景を楽しむなら梅林から西岸に回り込むとよい

144

SUB COURSE

48 七三峠

中級
MAP ▶P130

七三峠下山口 → 七三峠 → 平野谷西尾根 → 平野谷道入口 → 元町駅 — 歩行時間 1時間50分

古くから歩かれた峠道を行く

　七三峠の名前は古くから登場し、よく知られた峠だが名前の由来はわからない。鍋蓋山を東に下ったところに、下山口がある。

　主要登山道から外れているので、訪れる人は少ないが、七三峠から続く平野谷西尾根は気持ちのよい尾根道が続く。七三峠の東に門柱があるが、大正時代には障がい者施設、戦時中は外国人抑留施設があったらしい。いったん、二本松林道を横断して、今度は平野谷に入っていく。やや荒れ気味で切り立った高巻き道などもあるので少しグレードが上がる。下りきって市街地に出ると五宮神社がある。七三峠周辺は紅葉も美しいので、七三峠から二本松林道に下りて、平野谷道出合まで林道を歩くのもおすすめだ。

再度山・菊水山周辺

1 七三峠。どこからどこへ向かうための峠だったのだろうか　**2** 平野谷西尾根は快適な尾根道が続く　**3** 平野谷はおおむね歩きやすいが、堰堤の上を越えたり細い山腹道をゆくところもある

SUB COURSE

㊾ 菊水山（鈴蘭台コース）

初級
MAP ▶P130

鈴蘭台駅 → NTT管理道ゲート → 毎日登山署名所 → 菊水山　　歩行時間 50分

菊水山へのお手軽最短ルート

　鵯越駅からアプローチすると、それなりに距離がある菊水山だが、鈴蘭台駅を起点にすると、お散歩コースといった趣の山となる。

　鈴蘭台駅を出て線路沿いに南下していく。やがて線路を離れて川沿いになり、神戸電鉄の車庫の手前で右上する道をとると、NTT管理道のゲートがある。ゲートを通過し、右手に現われる階段から登山道へと入っていく。

　しばらくは川沿いの道で、心地よい。小さな滝もある。一度管理道を横切り、再び管理道に出てしばらく進むと、簡易トイレと毎日登山署名所がある。ここから尾根に上がる道もあるが、そのまま道路を歩き谷道に入ると近道だ。飛び石のような登山道で池を通過して登っていくと、菊水山山頂にたどり着く。

1 市街地から一歩入ると雰囲気たっぷりの登山道が続いている　2 NTT管理道上に設けられた簡易トイレ。毎日登山の署名所もある。ここから尾根道をたどることもできる　3 山頂直下は自然公園のような趣に変わる

50 菊水ルンゼ

上級
MAP ▶ P130

鈴蘭台駅 ➡ 菊水ルンゼ入口 ➡ 菊水ルンゼ ➡ 菊水山　　歩行時間 1時間25分

岩登り経験者のみ許されるバリエーション

菊水ルンゼは、石井ダム湖越しの妙号岩とともに昔から有名な岩登りのゲレンデだ。ルンゼとは岩溝のことを指す登山用語。近年、インターネットの情報により、安易に挑戦する人が増えたが、三点支持を用いて確実に岩を登れる人でないと、立ち入るべきではない。ヘルメットを携行し、初心者は経験者同行の上ロープを使用したい場所である。当然クライムダウンは難しい。

鈴蘭台駅から石井ダムに向かい、橋のたもとにあるガードレールの切れ目から登山道へ。ルンゼに至るまでも難路である。ルンゼは簡単に登れる場所もあるが、上部に行くにつれ、高度感のある岩場が続く。岩場の連続が終わり、しばらく直進すると右に菊水山西尾根への登り口がある。ルートファインディングできるなら、岩場の終わったところで左のルンゼを登って展望岩に行ってもおもしろい。西尾根をたどると、菊水山山頂に出る。

再度山・菊水山周辺

1 妙号岩の上から見る菊水ルンゼ。左の白い岩が見えるコブが展望岩。ルンゼの右が西尾根　2 展望岩から妙号岩を見る　3 菊水ルンゼで岩登りの練習をする登山者。ハーネスとヘルメットを装着

51 イヤガ谷東尾根

中級
MAP ▶ P130

展望抜群の
2つの岩場を訪ねて

妙号岩の岩上から石井ダムと神戸市街を見はるかす

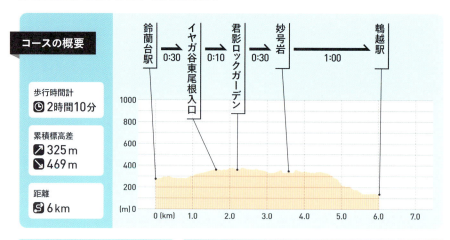

コースの概要

歩行時間計
🕒 2時間10分

累積標高差
↗ 325m
↘ 469m

距離
📏 6km

鈴蘭台駅 →0:30→ イヤガ谷東尾根入口 →0:10→ 君影ロックガーデン →0:30→ 妙号岩 →1:00→ 鵯越駅

アクセス
行き＝神戸電鉄有馬線鈴蘭台駅
帰り＝神戸電鉄有馬線鵯越駅

問合せ先
神戸市森林整備事務所☎078-371-5937（登山道）
神戸市経済観光局観光企画課☎078-230-1120

1 君影ロックガーデンへの目印となる森林管理道道標　2 広い岩場になっている君影ロックガーデン　3 イヤガ谷東尾根から妙号岩の上を目指す

君影ロックガーデンと妙号岩

　イヤガ谷東尾根だけなら快適な尾根道にすぎないが、ここの魅力は、なんといっても君影ロックガーデン、妙号岩の2つの岩場があることだ。
　鈴蘭台駅を出て西へ、坂道を上り下りして、中山橋交差点に出たら左へ、鈴蘭橋まで来たら右へ、坂道を登る。緩いカーブで左手に見える階段を登っていくと、住宅地に出る。住宅地の外縁に沿って進むと、**イヤガ谷東尾根の入口**がある。尾根道に入ると、左手に森林管理道の標識があり、入っていくと広く大きな岩の上に出る。ここが**君影ロックガーデ**

> **アドバイス**
> 君影ロックガーデン、妙号岩、ともに明確な道標はない。また、それぞれ切り立った岩の上に立つので、不用意に動き回らないこと。最後のイヤガ谷の徒渉は水量が多いと足が浸かるので、雨後の山行は控えよう。

1 妙号岩の岩上へは岩尾根をゆく。不用意にあちこちに踏み込まないようにしたい **2** 南無阿弥陀仏と刻まれた妙号岩。六甲に数あるクライミングゲレンデのひとつ **3** イヤガ谷東尾根はアップダウンの緩やかな尾根道だ **4** 鵯越駅へは最後に徒渉しなければならない

ンだ。この先は滑落事故も発生しているので、景色を堪能したら来た道を戻ろう。

　イヤガ谷東尾根を南下していく。妙号岩への入口は、東尾根の案内図が立っているところ。ここから左に踏み跡をたどっていくと、やがて岩尾根を下るようになり、**妙号岩**の上に出る。正面に菊水山と菊水ルンゼが見え、石井ダムが見下ろせる。こ

こも来た道を忠実に戻り、再び尾根を南下していく。徐々に高度を下げ、地図上の山麓バイパスの上あたりまで来て、鵯越駅への道標に従っていったん舗装路に出て、さらに道標を見つけて登山道に入り階段を下っていく。最後にイヤガ谷に下り着くが、徒渉しなければならない。徒渉を終えれば登り返して、あとは**鵯越駅**に向かうだけだ。

高取山・須磨アルプス周辺

52 高取山

初級
MAP ▶ P152

地元で愛される信仰の山

金高稲荷神社への階段上から高取神社と神戸市街を見下ろす

高取山・須磨アルプス周辺

コースの概要

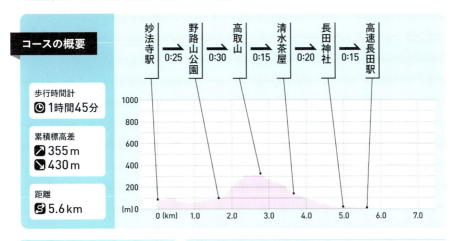

妙法寺駅 →0:25→ 野路山公園 →0:30→ 高取山 →0:15→ 清水茶屋 →0:20→ 長田神社 →0:15→ 高速長田駅

- 歩行時間計 ⏱ 1時間45分
- 累積標高差 ↗355m ↘430m
- 距離 5.6km

アクセス
行き=神戸市営地下鉄妙法寺駅
帰り=神戸高速鉄道高速長田駅

問合せ先
神戸市森林整備事務所☎078-371-5937（登山道）
神戸市経済観光局観光企画課☎078-230-1120
神戸市総合インフォメーションセンター☎078-241-1050

153

1 市街地から「六甲全縦」の案内に従い登山口である野路山公園へ　**2** 高取山西側の登山道は岩が露出した部分がある　**3** 荒熊神社前にある三角点　**4** 高取山は茶屋が多い。ここは安井茶屋。一番上の潮見茶屋は正月のみ開けているらしい。月見茶屋は惜しまれながらも閉店

アドバイス

高取神社境内は神域なので、静かに歩くこと。下山後の市街地は地図を見ながら進むと迷わない。余談だが、昭和初期の登山家、加藤文太郎をモデルにした新田次郎による小説『孤高の人』はこの山から始まる。

六甲山群では珍しい独立峰

　高取山(たかとり)は、その昔大洪水が周辺を襲い、水が引いた後にマツの木に絡まっていたタコを獲ったことから「タコ取り山」と名がついたというユニークな民話のほか、由来にはさまざまな説がある。独立峰の趣があり、古くは「神撫山(かんなで)」と呼ばれた。

　ここでは**妙法寺駅(みょうほうじ)**を出発し、六甲全山縦走路を経て、**長田(ながた)**神社へ至るコースを紹介する。妙法寺駅から東へすぐの通りを左に少し行くと、団地の裏を通る道の入口がある。この道をたどって全山縦走路に合流し、阪神高速、神戸市営地下鉄の線路を越え妙法寺の町に降り立つ。そのまま東へ。信号を越え「六甲全縦」の道標を見つけ路地に入る。道標に導かれて**野路山公園(のろやま)**へ。ここが登山口

1 高取神社からはコンクリートの参道となる 2 中の茶屋前。ここからさらに下り、清水茶屋の前から東へと方角を変える 3 長田神社は『日本書紀』にその縁起が登場する古社中の古社だ 4 須磨アルプス東山から見る高取山。市街地に囲まれ独立峰の趣がある

で、岩交じりの登山道を登り、道が水平になると、左手に荒熊神社、続いて三角点、そして山頂直下の高取神社に着く。**高取山**山頂は一段高い金高稲荷神社の裏にある。

　神社を過ぎるとコンクリートの道となり、月見茶屋（閉店）、次に安井茶屋、白川大明神で方向を南に変え、中の茶屋、**清水茶屋**と続く。清水茶屋の先で参道を外れ、東へ向かう山腹道を行く。住宅地の細い路地となり大通りで左折、歩道橋下の階段から一段南の道に入る。東へ進むと川に出るので、右折し川沿いを進むと**長田神社**。神社から**高速長田駅**へは15分ほど。

53 須磨アルプス

中級
MAP ▶ P152

須磨アルプスの威容。中央の細い道が、通称馬の背といわれる場所

六甲最西端の山から人気のミニアルプスへ

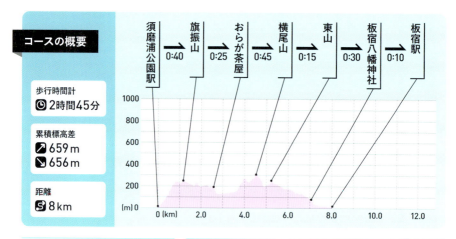

須磨浦公園駅 →0:40→ 旗振山 →0:25→ おらが茶屋 →0:45→ 横尾山 →0:15→ 東山 →0:30→ 板宿八幡神社 →0:10→ 板宿駅

コースの概要

- 歩行時間計: 2時間45分
- 累積標高差: ↗659m ↘656m
- 距離: 8km

アクセス
行き=山陽電鉄須磨浦公園駅
帰り=山陽電鉄・神戸市営地下鉄板宿駅

問合せ先
神戸市森林整備事務所☎078-371-5937（登山道）
神戸市経済観光局観光企画課☎078-230-1120
神戸市総合インフォメーションセンター☎078-241-1050

1 敦盛橋の先の須磨浦公園への近道　2 旗振山山頂の旗振茶屋の前から淡路島と明石海峡大橋を望む　3 屋上が展望台になっているおらが茶屋。このあたりをおらが山と呼ぶこともある　4 鉄拐山を過ぎるとウバメガシの純林が現われる

六甲全山縦走路の始まり

　須磨アルプスは、岩が露出した荒々しい風景から名づけられた。このコースの白眉だが、ここではそれだけでなく、須磨特有の明るく風光明媚な雰囲気をたっぷり味わいたい。

　起点は**須磨浦公園駅**。駅を出ると、海岸はすぐそこだ。駅前を東に進んで敦盛橋を渡るとすぐに「ちかみち」と書かれた階段が現われる。ここから須磨浦公園へと上がる。公園内は道が複雑だが、上へ上へと鉢伏山を目指して登っていけば、須磨浦山上遊園のカーレーター乗り場に着く。ちなみに須磨浦公園は、毎年秋の六甲山全山縦走大会のスタート地点となっている。全山縦走路は鉢伏山を迂回するが、せっかくなので山頂を経由していこう。鉢伏山を越えると

アドバイス

須磨アルプスは、ルートを歩いている限りは問題ないが、ルートを外すと脆いところがある。ルートを忠実にたどること。下山地の板宿駅は地下駅なので、わかりにくければ地元の人に尋ねるとよい。

1 栂尾山の名物の階段。嫌がられるが、登りは実際5分ほど
2 横尾山の三角点。南の海側に展望が開けている
3 須磨アルプスをゆく。普通に行けば手を使うようなところはない

　すぐに縦走路と合流し、登り返すと電波塔の立つ旗振山(はたふり)だ。その昔、ここで旗を振って米相場を伝えたという。旗振茶屋の前は展望がすこぶるよく、明石海峡大橋も指呼の間だ。
　縦走路を進み、ウバメガシの純林を抜けて鉄拐山(てっかい)へ。基部からは急登だが、短い。山頂にこだわらないなら北側を巻く迂回路もある。樹林を抜けると公園のようになりおらが茶屋に着く。トイレがあり屋上は展望台になっている。ここから高倉台団地に下って、団地内を抜け、栂尾山(つがお)へ、名物の階段に取り付く。登り切って展望台の栂尾山を越え、横尾山(よこお)へ。横尾山を過ぎると鎖場のある岩交じりの下りとなり、やがて目の前に荒々しい須磨アルプスの風景が現われる。階段のついた岩場を下り、最低鞍部(あんぶ)を経て登り返すと細い尾根の馬の背だ。難なく通過して樹林に入り、縦走路の分岐となる東山(ひがし)に登る。
　ここからは縦走路を離れ、板宿八幡神社(いたやどはちまん)方面へ。まだ距離は残っているが道標に従いつつ進んで板宿八幡神社を経て、板宿駅へと向かう。

1 全山縦走路との分岐である東山山頂。ここでは板宿八幡方面へ進む **2** 板宿八幡への尾根道はヤブツバキの回廊が続く。花期は晩秋から春と長い **3** 板宿八幡神社に着くと登山コースは終了だ

高取山・須磨アルプス周辺

もっと知りたい！

一の谷の戦い

須磨寺の源平の庭。敦盛と直実の対峙を再現

「義経の逆落とし」で知られる一の谷の戦い。源氏軍が、須磨の山を駆け下りて奇襲をかけ、平氏軍は敗走。熊谷直実の「卑怯である」との声に戦いを挑んだのが少年の平敦盛だった。その幼さに直実はためらうが、ほかの源氏兵も迫っており、直実は心を鬼にして敦盛の首をとる。一の谷の場所は諸説あるが、直実の首塚は須磨寺に、胴塚が須磨の海岸沿いにある。

SUB COURSE

54 高取山（お滝道）

初級
MAP ▶ P152

西代駅 → 高取大明神 → 高神の滝 → 安井茶屋　　　歩行時間 ⏱55分

高神の滝は行場特有の人工滝。無流のことが多い

表参道から行場を抜けて

　高取山は登山道がいくつもあるが、西代駅から高取大明神を経て茶屋の前を通って登るのが表参道だ。西代駅を出て山の手に向かうとすぐに「右 高取神社本道 是ヨリ十八丁」の石標がある。市街地の坂道を抜けると正面に高取山が見えてくる。
　お滝道は高取山基部の高取大明神から左へ、行場の高神の滝を経由して登る。表参道のようにコンクリート道ではなく土の道だ。登りきると安井茶屋の手前に出てくる。

55 須磨浦道

初級
MAP ▶ P152

須磨寺駅 → 須磨寺 → 妙見堂跡 → 旗振山　　　歩行時間 ⏱1時間15分

登り始めると展望箇所があり、須磨海岸が見える

古刹の須磨寺で源平合戦を偲ぶ

　歴史の好きな人におすすめしたいのが、須磨浦道だ。須磨寺には、敦盛の首塚がある。
　門前から西へ向かうと須磨浦道の入口に着く。一の谷の場所ははっきりしないが、鉄拐山までの急坂に「義経の逆落とし」を偲ぶのもよいだろう。鉄拐山にも直接登れるが、その下から水平歩道が鉢伏山まで延びている。鉄拐山に登るもよし、途中で尾根に上がり旗振山へ、また鉢伏山まで歩くのかはお好み次第。

160

高座の滝大谷茶屋の六甲山カフェ。基本的に週末の営業

江戸時代から続く六甲最高峰直下の一軒茶屋（第2・4月曜休、祝日の場合は翌日休）

高取山にある中の茶屋には、卓球場が。高取山の茶屋は独特の文化があり、清水茶屋には投輪場もある

山岳書も数多く置いている高座の滝、滝の茶屋。ほぼ毎日開いている（不定休）

COLUMN ⑥
六甲山の茶屋

　六甲山の特徴として、西の須磨から六甲最高峰まで、いたるところに茶屋があることがあげられる。六甲最高峰直下の一軒茶屋などは江戸時代から続く歴史ある茶屋だ。明治から大正にかけて市民による山岳会が雨後のタケノコのように誕生し、毎日登山が盛んになると、各地に多くの茶屋が誕生する。六甲の登山文化の担い手ともいえる。

　茶屋によって営業スタイルは様々。早朝から開店し午後3時ごろには閉店するところもあれば、日没まで営業しているところもある。不定休・日祝のみの営業のところも多い。

　それぞれ特徴があり、いずれも気さくな店主が出迎えてくれるが、残念なことに高齢化と後継者不足で閉店する茶屋も増えてきた。2023年には高取山の月見茶屋が、2024年には再度山大師道の燈籠茶屋が閉店した。いずれも大正時代から続く名物茶屋だった。月見茶屋の餃子や燈籠茶屋のトーストに舌鼓を打ったハイカーも多いだろう。長らく閉まっていた摩耶山青谷道のあけぼの茶屋も解体作業が終了した。

　一方で、芦屋の高座の滝前の大滝茶屋のように、若い人が新しいスタイルでカフェを開くケースもある。いったん閉店しても後継者が見つかれば、再開する茶屋もある。

高取山・須磨アルプス周辺

六甲全山縦走路を歩く

起点＝須磨浦公園駅　終点＝宝塚駅
距離＝約56km

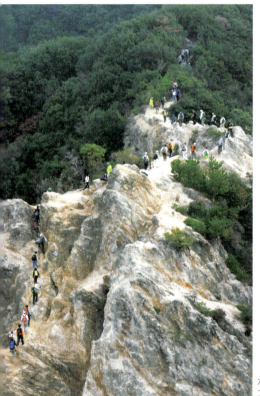

いつかは完歩したい憧れのルート

　毎年秋に行なわれる神戸市主催の六甲山全山縦走大会。公称56kmに及ぶ縦走路を暗いうちに歩き始め、通常15時間ほどかけてゴールの宝塚に到着するときにはトップリと日が暮れるハードな大会だ。とはいえ、毎年全国から挑戦したいハイカーが集まる人気の大会で、いつかは完歩したい憧れのルートでもある。

　一度で歩くのはハードルが高いので、まずは分割して歩いてみることをすすめる。プランは、1回目を須磨から鵯越駅、2回目を鵯越駅から市ヶ原、3回目を市ヶ原から記念碑台、4回目を記念碑台から宝塚とすれば、交通の便もよく無理なく歩ける。

アドバイス

道標は完備されている。ただし、毎年秋の全山縦走大会を意識しているためか、市街地の道標は西から東へたどる場合は順を追えるが、逆走はやや見つけにくい。地図は神戸市発行の『六甲全山縦走マップ』がわかりやすいので入手するとよいだろう。

六甲全山縦走大会では須磨アルプスにも行列ができる

六甲全山縦走路概要

全山縦走路を通して歩く場合の行程を示しています。分割して歩く場合の入下山口から最寄駅までの行程は含まれていません。

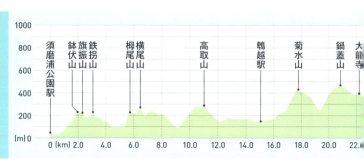

①須磨浦公園駅〜鵯越駅　　　歩行時間 ④4時間5分

須磨浦公園駅 —40分→ 旗振山 —1時間10分→ 横尾山 —1時間30分→ 高取山 —45分→ 鵯越駅

　須磨アルプスの東山まではコース❸（P156）の須磨アルプスを参照。
　東山から縦走路を北へ、横尾南公園に下り、住宅地を抜けバス道に出て右、横尾2丁目バス停の先で道標に従い右折する。ここから高取山の安井茶屋まではコース❷（P153）を参照。安井茶屋横の広場から北へ下ると住宅地に出て、右の坂を下る。ここからの市街地は道が複雑で、細かく折れ曲がる上、路地も歩くので、地図とにらめっこするより電信柱などにつけられた「六甲全山縦走路」の矢印を追いながら歩いたほうがよい。
　鵯大橋を渡ると最後の登りだ。神戸電鉄、続いて西神戸道路の高架をくぐると細い路地の下りになって神鉄鵯越駅にたどり着く。

1 須磨浦公園駅。厳密にはさらに西の塩屋駅が縦走路の起点だが、現在はここが起点となる
2 須磨アルプスの縦走路道標
3 市街地は電柱などにも道標が付けられている。基本的は西から東へ向かう用になっている
4 高取山の縦走路分岐点となる安井茶屋先の公衆トイレ

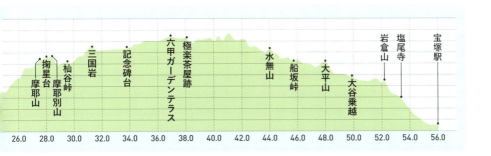

② 鵯越駅〜市ヶ原　　　　　　　　　　　歩行時間 ◎3時間35分

鵯越駅 ー1時間10分→ 菊水山 ー55分→ 鍋蓋山 ー30分→ 再度山・大龍寺 ー20分→ 市ヶ原 ー40分→ 新神戸駅

縦走路は、神鉄鵯越駅を出てすぐに線路の東側に沿って延びている。この先、大龍寺手前の再度越（ふたたびごえ）までは、コース㊻（P140）を参照。再度越を右にとり大龍寺（たいりゅうじ）の門前の広場から東へ、山門前でドライブウェイを横切って舗装路をたどる。未舗装路に入ると市ヶ原の河原は近い。今回は縦走を市ヶ原で終え、新神戸駅へ下る。

再度山では、大龍寺の山前を通過する

③ 市ヶ原〜記念碑台　　　　　　　　　　歩行時間 ◎4時間10分

新神戸駅 ー1時間→ 市ヶ原 ー1時間40分→ 掬星台 ー25分→ 杣谷峠 ー45分→ 記念碑台 ー20分→ 六甲山上駅

新神戸駅から市ヶ原に登り、縦走路に合流する。摩耶山の掬星台（きくせいだい）までは、コース㉝（P104）を参照。掬星台北東奥の階段を下り、オテル・ド・摩耶跡地、天上寺（てんじょうじ）、アゴニー坂を経てドライブウェイに下る。ドライブウェイで杣谷峠（そまだに）を経由し、自然の家の先から再びハイキング道に。しばらく登ると三国池近くでドライブウェイに合流する。縦走路はドライブウェイを横切り、三国池、三国岩を経て、丁字ヶ辻で再びドライブウェイに合流するが、そのままドライブウェイを歩く人も多い。ひたすらドライブウェイを歩くと記念碑台に着く。あとは記念碑台前の信号を渡りケーブル六甲山上駅を目指す。

1 縦走路は自然の家の先で登山道に入りドライブウェイに上がって横断する　**2** 三国池畔には六甲山の開祖、グルームが別荘を構えた　**3** 昭和4年開業の旧六甲山ホテルは、耐震性能不足で営業終了したが、耐震工事を終え現在は六甲山サイレンスリゾートの旧館として営業

④ 記念碑台〜宝塚駅　　歩行時間 ◎6時間20分

六甲山上駅 ━20分➡ 記念碑台 ━50分➡ 六甲ガーデンテラス ━1時間20分➡
六甲最高峰下 ━1時間15分➡ 船坂峠 ━50分➡ 大谷乗越 ━1時間5分➡
塩尾寺 ━40分➡ 宝塚駅

　最終日はロングコース。ケーブル六甲山上駅から記念碑台を目指し、記念碑台前の信号で六甲小学校前を通る坂道に入る。神戸ゴルフ倶楽部の中を抜け車道を横切り、みよし観音を経由して六甲ガーデンテラスへ。レストラン横の道に入り、ドライブウェイと交差しながら縦走路を進む。ドライブウェイを横切るたびにアップダウンがあるので、この区間も水平なドライブウェイ歩きを選択する人が多い。

　最高峰下を通り、一軒茶屋前からしばらくはドライブウェイを歩くが、鉢巻山トンネルの先で東六甲縦走路に入ってからは快適な登山道。

　ササ分けの道を水無山を越えていくと船坂峠だが、この辺りから下りの道が荒れ始める。電波塔のある大平山でいったん車道に出て少し下ると右に縦走路下り口がある。大谷乗越に下り、車道を横切って、岩原山、譲葉山を縫うように進み、岩倉山を越え、砂山権現を過ぎると、塩尾寺に着く。あとは車道を歩いて宝塚駅を目指すが、途中に2度ショートカットルートがある。

1 石の宝殿先でドライブウェイを離れ東六甲縦走路へ　2 大谷乗越からササ原に囲まれた水無山を越えて船坂谷に下る　3 塩尾寺奥の院という砂山権現まで来ると、塩尾寺は近い。いつもきれいに掃き清められている

もっと知りたい！

六甲全山縦走大会

六甲全山縦走大会には2つある。毎年11月に行なわれる神戸市が主催の「KOBE六甲全山縦走大会」と3月に行なわれる兵庫県勤労者山岳連盟主催の「六甲全縦大会」だ。例年、神戸市主催の大会が1800名募集に対し、兵庫労山主催の大会は600名。いずれも定員に達し次第、募集が打ち切られる。

応募期間は神戸市が8月1日〜31日、兵庫労山は12月〜1月31日。いずれも参加費は必要、WEB申し込みとなる。年によって内容が変更されることがあるので、必ず各ホームページで確認してほしい。
渋滞するので、コースタイムは通常の1.5倍は見込んでおく。ヘッドランプは必携。

索引

＊本書掲載55コースのタイトル山名・地名のページ番号は太字にしています。

あ

アイスロード	057
青谷道	107, **108**, 121
芦屋地獄谷	020, 033, 037, 064
芦屋ロックガーデン	020, **032**, 036
油コブシ	068
雨ヶ峠	020, 029, 041
有馬温泉	019, 022, 040, 046, 050
有馬三山	045
有馬四十八滝	043
荒地山	**023**, 027
錨山	136
石切道	**038**, 041
石の宝殿	012, 029, 049
板宿八幡神社	158
市ヶ原	106, 113, 119, 123, 141, 164
イヤガ谷東尾根	148
岩倉山	086, 165
上野道	104
ヴォーリズ六甲山荘	077
ウォーレン	124
打越山、打越峠	042
塩尾寺	165
大池地獄谷、地獄大滝	**060**, 063, 064, 066
大谷乗越	085, 165
大月地獄谷、地獄大滝	064
奥高座の滝	035
お滝道	160
落葉山（西峰）	046
鬼ヶ島	054
おらが茶屋	158

か

外国人墓地	144
蛙岩	026
風吹岩	020, 024, 029
樫ヶ峰	094
甲山、甲山森林公園	093, **094**, 097
ガベノ城	088
川上ノ滝	048
神呪寺	099
観音山	088
菊水山	140, 146, **147**, 164
菊水ルンゼ	147
摩耶山	070, 105, 110, 115, 122, 164
北野道	133

北山公園	097
記念碑台	062, 077, 164
君影ロックガーデン	149
行者尾根	122
行者堂（シュラインロード）	059
行者堂跡（青谷道）	109, 121, 122
行者山	084
銀水橋	099
金鳥山	026, 030
苦楽園尾根	092
グルーム	012, 059, 124
黒岩尾根	119
高座の滝	019, 025, 033, 036
高神の滝	160
極楽茶屋跡	040, 041
五助堰堤	041
ごろごろ岳	089, 091

さ

桜谷道、桜谷出合	114, 118, **120**
シェール道、シェール槍	114, 125
修法ヶ原池	134, 142
地獄谷西尾根	063, **066**
市章山	136
地蔵谷道、地蔵大滝	119
七三峠	012, 145
七兵衛山	042
清水茶屋	155, 161
石楠花谷	061, **063**, 064
石楠花山	126
社家郷山	094
蛇谷北山	029, **049**
鷲林寺	089
シュラインロード	**057**, 062, 067, 124
城山（芦屋）	024, 027
城山（北野）	136
白石谷、白石滝	040, 043, **044**
知るべ岩	085
森林植物園	080, 114, 117, 123, 128, 144
瑞宝寺公園	022, 050
須磨アルプス	141, **156**
須磨浦道、須磨寺、須磨浦公園	141, 157, **160**
炭ヶ谷道	126
炭屋道	022
住吉道	041
諏訪神社	133
諏訪山公園	134, 137
善助茶屋跡	134
仙人谷	144
杣谷峠	073, 118, 164

た

大師道 ——————————— 133
ダイヤモンドポイント ——————— 063,066
大龍寺 ——————— 011,133,142,164
高雄山 ————————— 012,114,**123**
高尾山 ——————————— 046,055
高取大明神 ——————————— 160
高取山、高取神社 ——— 141,**153**,**160**,163
高羽道 ——————————— 070
中央稜 ————— 020,024,033,037
栂尾山 ——————————— 158
剣谷登山口 ——————————— 089
鉄拐山 ——————————— 158,160
天狗岩(摩耶山) ——————— 110
天狗岩(石楠花山) ——————— 127
天狗岩(再度山) ——————— 133
天狗岩南尾根 ——————————— **068**
天狗道 ——————— **104**,119,122
天上寺 ——— 012,105,114,121,164
天覧台 ——————————— 070
洞川湖 ——————————— 144
トエンティクロス ——— 106,**112**,124
ドーント、ドーントリッジ(南、北)
——————— 012,114,**123**,124
徳川道 ——————— 111,114,**116**,120
魚屋道 — 020,022,024,030,041,042
土樋割峠 ——————————— 029,049

な

長田神社 ——————————— 154
長峰堰堤 ——————————— 111,117
長峰山 ——————————— **071**
七曲滝 ——————————— 043
鍋蓋山 ——————— **140**,145,164
似位滝 ——————————— 043
西岡一雄 ——————————— 012,036
西山谷 ——————————— 064
布引渓谷、布引の滝 ——— 012,105,113,143
ノースロード ——————————— 059,062

は

灰形山 ——————————— 046
白竜滝 ——————————— 044
旗振山 ——————————— 157,160,163
鉢伏山 ——————————— 157,160
番匠屋畑尾根 ——————————— **041**
万物相 ——————————— 034
ビーナステラス、ビーナスブリッジ ——— 137
東お多福山 ——————————— **028**,049

東山 ——————————— 158
東山橋 ——————————— 056
百間滝 ——————————— 043
平野谷西尾根 ——————————— 145
藤木九三 ——————————— 036
再度山、再度公園、再度越
——————— 011,**132**,**140**,144,164
筆屋道 ——————————— **022**
船坂谷 ——————————— **048**
船坂峠 ——————————— 165
古寺山 ——————————— **067**
分水嶺越 ——————————— 114,123
逢ヶ山 ——————————— **054**
逢山峡 ——————————— 059,064
蓬莱峡 ——————————— **084**
保久良神社 ——————————— 026,029
穂高湖 ——————————— **112**
仏谷峠 ——————————— 056
ボルダータワー ——————————— 099
本庄橋跡 ——————————— 020,041

ま

前ヶ辻 ——————————— 058
前山尾根 ——————————— 092
摩耶山 ——————— **104**,108,**112**,119,120
摩耶山史跡公園 ——————— 011,107,110
摩耶自然観察園 ——————————— 105,120
道畦谷北尾根 ——————————— **027**
妙見堂跡(須磨浦道) ——————— 160
妙号岩 ——————————— 147,149
旧摩耶道 ——————————— **121**
紅葉谷道 ——————— 022,**038**,041,043,046

や ら

山羊戸渡 ——————————— **074**
山田道 ——————————— **126**
山寺尾根 ——————————— 108,117,124
弓削牧場 ——————————— 127
湯槽谷出合、湯槽谷峠、湯槽谷山 — 040,041,046
横池 ——————————— 025,042
横尾山 ——————————— 158,163
雷声寺 ——————————— 121
ロック・クライミング・クラブ ——— 012,036
六甲アルプス ——————————— **066**
六甲ガーデンテラス ——————— 040,076,165
六甲高山植物園 ——————— 013,079,080
六甲最高峰 ——— 013,**018**,024,029,044,165
六甲山牧場 ——————————— 072
六甲比命神社 ——————————— 077
ROKKO森の音ミュージアム ——— 077

文・写真＝
加藤芳樹（かとう・よしき）

1967年、京都府生まれ。山と渓谷社大阪支局勤務を経て、現在は『岳人』（ネイチュアエンタープライズ）の編集に携わる。著書に、『分県登山ガイド27 兵庫県の山』『ヤマケイアルペンガイド 関西周辺週末の山登りベストコース123』（ともに山と渓谷社）などのほか、共著、編著多数。日本山岳会会員、環境省自然公園指導員。

おもな参考文献

『六甲』（竹中靖一著、朋文堂）、『六甲北摂 ハイカーの径』（木藤精一郎著、阪急ワンダーホーゲルの会）、『六甲山ハイキング』（大西雄一著、創元社）、『プレイランド六甲山史』（棚田真輔・表孟宏・神吉賢一著、出版科学総合研究所）、『INAKA』（神戸ヘラルド新聞社ほか）、『神戸背山登山の思い出』（棚田真輔編著、松村好浩訳、交友プランニングセンター）、『屋上登攀者』（藤木九三著、黒百合社）、『六甲の自然』（室井綽・清水秀重子編、神戸新聞出版センター）、『六甲山の地理―その自然と暮らし―』（田中眞吾編著、神戸新聞総合出版センター）、『毎日登山発祥の地 善助茶屋』（善助茶屋跡を保存する会）、『六甲全山縦走～25年のあゆみ～』（神戸市）、『神戸ゴルフ倶楽部100年のあゆみ』（神戸ゴルフ倶楽部）、『六甲山博物誌』（玉起彰三著、神戸新聞総合出版センター）、『六甲全山縦走MAP』（神戸市）、『歴史と神戸 360号「特集 六甲山の地図史と地名の謎」』（神戸史学会）、『六甲山緑化100年記念六甲山の100年 そしてこれからの百年』（神戸市）、『ウィリアム・ガウランドと日本の古墳研究』（忽那敬三著、明治大学博物館）ほか

＊本書に掲載した地図は、国土地理院発行の「数値地図（国土基本情報）」「数値地図（国土基本情報20万）」を使用しました。
＊本書に掲載したコース高低図の作成と累積標高差の計算には、DAN杉本氏作成のフリーウェア「カシミール3D」を使用しました。
＊本書に掲載のデータ及び内容は、2024年9月末日現在のものです。
＊P013、037、124、135、161に掲載のモノクロ写真の撮影者、著作権継承者を探しております。御存知の方は、編集部までご連絡いただけますようお願いいたします。

決定版ガイドブック

六甲山 55 コース

2024年12月5日　初版第1刷発行

著者　加藤芳樹

発行人　川崎深雪

発行所　株式会社 山と渓谷社
　　　　〒101-0051
　　　　東京都千代田区神田神保町1丁目105番地
　　　　https://www.yamakei.co.jp/

印刷・製本　株式会社シナノ

DTP・MAP　株式会社千秋社

ブックデザイン　朝倉久美子

編集　大武美緒子・神谷浩之（山と渓谷社）

資料協力　兵庫県山岳連盟

写真提供　ピクスタ

●乱丁・落丁、及び内容に関するお問合せ先
山と渓谷社自動応答サービス
TEL.03-6744-1900
受付時間／11:00～16:00（土日、祝日を除く）
メールもご利用ください。
［乱丁・落丁］service@yamakei.co.jp
［内容］info@yamakei.co.jp

●書店・取次様からのご注文先
山と渓谷社受注センター
TEL.048-458-3455　FAX.048-421-0513

●書店・取次様からのご注文以外のお問合せ先
eigyo@yamakei.co.jp

＊定価はカバーに表示してあります。
＊乱丁・落丁などの不良品は、送料小社負担でお取り替えいたします。
＊本書の一部あるいは全部を無断で転載・複写することは、著作権者及び発行所の権利の侵害となります。あらかじめ小社までご連絡ください。

©2024 Yoshiki Kato All rights reserved.
Printed in Japan　ISBN978-4-635-01458-8